또 하나의 둥지

— 신현주 수필선

현대수필가100인선 Ⅱ · 2

수필과비평사 · 좋은수필사

또 하나의 둥지

― 신일주 수필선

책머리에

　수필은 누구나 부담 없이 읽고, 마음만 먹으면 직접 쓸 수도 있는 가장 친근한 문학이다. 다른 영역의 문학이 영상매체에 밀려 신음하고 있는 중에도 수필 인구만은 날로 증가하여 바야흐로 수필 전성시대를 구가하고 있는 이유도 거기에 있을 것이다.
　시대적 추세에 힘입어 수많은 수필전문지, 수필동인지가 창간되고, 이에 비례하여 신진 수필가도 날로 늘어나다 보니 이제는 그 많은 작가, 그 많은 작품 중에서 문학성 높은 작품을 가려 읽는 일이 쉽지 않게 되었다. 이런 현상은 작가에게나 독자에게나 결코 바람직한 일이 아니다. 더 나아가서는 수필을 연구하는 후세들에게도 큰 부담이 될 것이다.
　이런 문제를 해결하는 데는 출판인도 마땅히 한몫을 감당해야 한다는 평소의 소신에 따라, 본사가 기꺼이 그 역할을 맡기로 했다. 그 첫 번째 사업으로 시대를 대표할 만한 수필가 100인을 선정하고, 작가가 자선한 40편 내외의 작품을 수록한 문고본을 발간하여 이를 널리 보급함으로써 그 소임을 다하고자 한다.
　본사는 사명감을 가지고 이 사업을 추진해 나가기로 했다. 작가 선정을 전담할 편집위원회를 구성하고 전권을 위임하여 일체의 사적인 정실이나 청탁을 배제함으로써 전문성과 공정성을 확보해 나갈 것이다.
　따라서 이 기획물 속에는 작가의 문학정신뿐만 아니라, 본사의 문학사적 기여 의지와 편집위원 제위의 수필문학에 대한 애정과 문인으로서의 양심이 함께 담겨 있음을 자부한다. 다만, 작가를 선정하는 기준에는 많은 견해의 차이가 있을 수 있고, 선정 과정에서도 미처 챙기지 못한 부분이 있을 것이라는 사실만은 인정하지 않을 수 없다. 이 점에 대해서는 관계자 여러분의 양해 있으시기 바란다.

  이 시리즈의 발간 순서는 작가, 또는 본사의 사정에 의한 것일 뿐 그밖의 어떤 기준도 적용하지 않았음을 밝힌다.

  본 기획물이 시대를 초월한 많은 수필 애호가들의 관심과 애정 속에 우리나라 수필문학 발전에 한 이정표가 되기를 바랄 뿐이다.

  본사에서는 이상과 같은 취지로 《현대수필가 100인선》전 100권을 완간하여 큰 반향을 불러일으킨 바 있다.

  그러나 우리 수필문단의 규모나 수필문학의 수준에 비추어 선정 작가를 100인으로 한정하는 것은 형평성이나 효율성 면에서 크게 부족하다는 의견이 많았고, 본사 또한 이를 통감하던 터라 기꺼이 《현대수필가 100인선 Ⅱ》를 발간하기로 했다.

  본사의 충정에 찬동하여 출판에 응해주신 저자 여러분께 진심으로 감사한다.

2014년 10월

수필과비평 · 좋은수필 발행인   서정환

현대수필가 100인선 간행 편집위원   박재식 최병호

정진권 강호형

오세윤

책머리에 — **04**

1
인연의 길

겨울 연지蓮池에서 — **12**

또 하나의 둥지 — **17**

모과 — **21**

바위채송화 — **24**

배롱나무 — **29**

삶의 편린 앞에서! — **34**

섬, 그 아름다운 곳 — **39**

아름다워지고 싶은 인간의 욕망 — **43**

우울증 — **47**

인연의 길 — **52**

2
민들레 학교

감꽃처럼 화사했던 그녀의 첫 편지 ― **58**

내 작은 뜰에는 ― **62**

망각의 늪, 그 깊은 곳 ― **66**

민들레 학교 ― **72**

사랑, 그 영원한 테마 ― **76**

석창포가 있는 내 사유思惟의 공간 ― **80**

약쟁이 사위 ― **84**

이화의 절정에서 ― **88**

장례 문화 ― **91**

황매산 등반 ― **96**

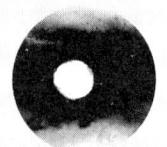

3
밤하늘의 별

건강과 치아 — **102**

나의 삶, 나의 건강 — **106**

망향에 흘려보낸 숱한 세월 — **111**

밤하늘의 별 — **116**

석류나무 한 그루 — **120**

시클라멘 — **125**

어떤 인생 — **130**

의연한 당신의 자태 — **135**

참[眞]이란 무엇일까 — **139**

초여름에 찾은 웅석봉 — **144**

4
단골 이발소

내 삶의 새로운 지평 ― **150**

단골 이발소 ― **154**

단청의 아름다움 ― **157**

민들레 예찬 ― **161**

산의 정취 ― **165**

아디안팀 ― **169**

잊고 살았던 시간 앞에서 ― **173**

장독대와 초가집 ― **177**

황당했던 시간 ― **181**

회중시계 ― **185**

작가 연보 ― **189**

인연의 길

1

겨울 연지蓮池에서
또 하나의 둥지
모과
바위채송화
배롱나무
삶의 편린 앞에서!
섬, 그 아름다운 곳
아름다워지고 싶은 인간의 욕망
우울증
인연의 길

겨울 연지蓮池에서

시내에서 남쪽으로 8킬로쯤을 벗어나면 예하리禮下里라는 작은 마을에 연못 하나가 있다. 연못이라면 농경지 수리용 때문에 마을 뒤편엔 하나쯤 엎드려 있기 마련이지만 내가 찾아간 곳은 이와 품격이 다르다.

제방에 들어섰을 때 늙은 팽나무와 움츠린 노송들이 찬바람에 수군거리고 못은 가슴속을 드러낸 채 허탈한 눈만을 뜨고 있었다. 바로 이 못이 내가 즐겨 찾는 연지이다. 3천여 평은 실히 넘을 것이다.

못가엔 서걱이는 갈댓잎 소리가 일어서고 말라빠진 연꽃 대궁들이 어지럽게 쓰러져 있다.

청둥오리 몇 마리가 쏜살같이 날개를 턴다. 하늘빛이 곱다.

꽃을 피워 맺은 연방이 이미 식용, 약용으로 꺾이고 지금은 얼음 위에 누워 버린 연잎과 줄기들이 파수병처럼 서서 겨울바람을 맞고 있다.

나는 버릇대로 제방의 끝에 있는 연당蓮堂으로 발길을 옮겼다.

내가 이곳 연지를 처음 본 것은 이미 오래전 초여름이었다. 수면 위에 물안개가 쓸려가고 그 사이사이로 방패만 한 초록 잎새가 넓죽이 퍼져 온통 연못을 덮어가고 있을 때였다.

우연히 들른 연못에서 연잎이 들어찬 광경을 보고 나는 수천 수만의 연꽃송이가 가슴 안에 피어나는 꿈을 매일 밤 가질 수 있었다. 그 뒤로 찾은 연못은 나의 가슴이었고 나의 가슴은 바로 연못이었다.

못은 오래된 진흙의 늪이었다. 오래전 수리용으로 만든 것이었으나 복토가 되고 농경지가 늘어나 그 본래의 구실을 잃어갈 즈음, 새로운 저수지가 생기는 바람에 이 못은 이무기나 사는 전설 속의 못으로 변모하고, 마을 노인네들의 휴식처로나 이용하자는 의견이 앞섰을 것이다. 이때 한두 뿌리의 연근蓮根이 번지고 또 번지어 수십 년이 지난 지금에 와서는 못 전체가 연을 품고 말았을 것이다.

늦여름이 기울 때, 연못의 아침은 햇살이 피워내는 꽃송이로 황홀한 장관을 이루었다. 연초록 대궁의 가는 가시들을 밟고 올라와 하늘보다 더 넓은 연잎을 펼쳐 보고 그 틈 사이로 긴 목을 학처럼 눈부시게 들이고서 수천 송이의 연꽃을 사방천지에 널려놓는 것이야말로 어찌 황홀하지 않을 수 있으랴.

분홍빛과 흰빛, 자색 빛과 노란빛이 어우러져 잎과 물빛 등으로 사위를 물들여 놓곤 배시시 번져 은은한 윤곽. 아, 이곳이 서방정토가 아닐까? 살금살금 기어 나오는 연지가 어느덧 나의 내부에 이르면 나는 석가모니의 미소에 진리를 깨닫는 듯도 하고 심청이의 환생된 모습에 감격하기도 하면서 아지 못할 불심에 저절로 손을 모으는 것이다.

무엇보다 속세의 온갖 잡념이 맑게 씻기우고 새로운 내 자아의 탄생을 강렬하게 인식하게 된다. 살아온 날이 부끄럽고 오욕칠정이 내게만 넘친 듯하여 연지에 앉은 채로 무심의 복판이 흔들리게 된다. 이때쯤이면 연당의 사방은 탱화로 가득 차고 나는 법당에 앉은 선사(禪師)로 변신되는 듯했다.

다시 눈을 떴을 땐 연잎 속에 고인 수정빛 이슬은 눈 속까지 굴러들고 마악 터지려는 또 다른 수천 개의 연꽃 봉오리들은 숨이 막힐 듯이 안으로 고요함을 다스리고 있다. 이때 가만히 흔들리는 꽃잎의 둘레 눈썹이 흔들리운다. 바람이 연지에 흐르고 내가 또한 연꽃 위에 있는 것이다.

이런 아침이면 나는 내내 연지를 돌며 번지는 반성과 회오의 번뇌에 돌아설 줄 모른다. 진흙 묻은 내 삶의 꽃봉오리를 또다시 씻기 전에는.

예부터 우리 선인들은 이 연꽃을 불심의 바탕으로 삼아 가장 고귀하게 가슴속에서 피워냈던 것일까.

어릴 적 할머니께서는 이 연밥을 이용하여 연밥죽을 쑤었고,

뿌리로는 연밥장아찌, 연화누룩 등 귀한 식품을 만들었다. 어찌 그뿐이랴. 잎은 연인蓮仁이라 하여 쌈도 싸먹었다.

불교에서는 연꽃을 만다라화曼陀羅華라 일컫고 부용芙蓉이라 하여 그 우아하고 은근한 자태를 그려내고 있다.

불상 아래엔 연화대蓮花臺를 받쳤고 법당은 연화蓮花로 채색했으며 지붕엔 연와蓮瓦를 얹었고 젊은 벼슬아치에겐 연관蓮冠을 씌웠으며 왕실엔 부용막芙蓉幕을 드리우기까지 했다.

이렇게 우리의 문화와 선인의 생활 속에 연꽃은 예술미와 얼이 깃들여 전통의 미를 피워냈던 것이다. 보은의 상징으로 수많은 연꽃의 소재는 물론이려니와 옛 가사에도 많은 문인들은 이 꽃을 노래했다. 연꽃은 찬란한 불교예술만큼이나 우리 문화와 접맥되었으며 불심의 향기만큼 소중하고 그윽한 우리만의 향기였던 것이다.

초가을이면 꽃가세에 시투룩한 연실들이 다섯 개씩 묶이어 수십 뭉치가 옮겨온다. 언뜻 보면 징그럽게도 못생긴 듯한 모양들을 하고 두루주머니 같은 머리를 휘두른다. 가을철 꽃꽂이용으로 팔려 온 것이다.

어쩌다 시장 거리를 지나다 보면, 곱게 늙으신 할머니들이 연밥 뭉치를 수북이 담아 놓고 파는 모습을 보게 된다. 시커멓게 쭈그러진 주먹만 한 뭉치는 물뿌리게 주둥이 같기도 하고 벌집 모양 같기도 한데, 그 노파들은 지루함에 못 이겨 연실뭉치의 잣톨만 한 연밥을 빼내어 까먹고 있다. 그리고선 지나는 이들을 보고 이가 빠진 허한 웃음을 보일 때 노파의 얼굴과 연실의 모양이 너무도 비슷한 것을 발견할 수 있었다. 그것은 은은한 미소에 번지는 삶의 달관이 아닐까. 그리하여 장미, 백합, 안개꽃 등 화려한 꽃더미 속의 무리에 쫓겨 울퉁불퉁하게 못생긴 연실들을 보노라면 더한 뜨거운 애정을 느끼게 된다.

젊은 날의 그 눈부신 사랑을 대한 것같이 나는 슬픔의 껍질을 벗는 것이다. 그것은 세진에 찌든 나를 다시 이 연지 앞에 세우게 하기에 충분하다.

참으로 연은 뿌리와 줄기, 잎과 꽃, 꽃 수술과 열매까지도 모든 이에게 베풀며 남김없이 주는 것이다. 진흙 깊숙이 태어나서 무심의 경지에 이르기까지 보은의 사상만으로 일생을 마치는 것이다.

연당을 나와 연꽃이 떠나버린 연지를 바라본다. 새봄과 함께 다시 가득히 채울 것을 나는 잘 알고 있다. 지금은 아무것도 없는 무無의 깊이쯤에서 어떠한 욕망도 허세도, 미움까지도 버리고 새로운 사계의 내 소중한 욕망을 꿈꾸어 보는 것이다.

불혹의 나이를 넘기고 지명에 이르러 이제 연의 일생으로 살아갈 수 있을 것인지, 진흙 속의 세태 속에서도 내 삶의 기쁨을 연꽃처럼 피워낼 수 있을 것인지, 겨울 연지를 떠나오면서 자꾸자꾸 뒤돌아보는 것이다.

청둥오리 몇 마리 날개 접는다.

또 하나의 둥지

　어언 50대 중반이다. 인생 여정을 등반에 비유하면 하산 길에 접어든 셈이다. 요즘 들어 양어깨가 천만근도 더 되는 듯 무겁게 느껴지는 것은 앞으로 남은 일이 더 큰 비중을 차지하기 때문에서일까.
　사람 살아가는 모습이야 다소의 차이가 있겠지만 따지고 보면 예나 지금이나 별반 다를 것도 없을 듯하다. 그런데 한 치 앞을 헤아리지 못하는 우둔함에 혼자 쓴웃음을 지을 때도 참 많았던 것 같다.
　지난봄, 큰여식을 시집보내고 겨우 한숨 돌리고 나니 이번엔 둘째가 제 차례를 기다리느라 길어진 목이 한 뼘이나 나와 내 마음을 짓누른다. 어느 사이 스무 살 아름다운 나이를 먹은 셋째도 환한 웃음으로 집 안을 향기롭게 하고 있는 지금이다.
　아장걸음으로 재롱을 피우며 고사리 같은 손으로 하루의 피로를 덜어주던 지난 시간들이 내게는 어제인 듯 가깝게 느껴지는 아이들은 물오른 나무처럼 싱그러운 젊음으로 성장한 것이다. 생각해보니 세월은 참으로 빠르기만 한 것이다.

  어렸을 적에는 내 무릎이고 품안을 가릴 것 없이 예사로이 안겨들곤 했는데 지금은 가끔 장난으로라도 한 번 안아볼 양이면 물 묻은 손에 미끄러지는 비누처럼 어느새 저만치 달아나 버리는 것이다. 그러고 보니 막연한 거리감을 던지며 그들만의 공간을 소유한 지도 꽤 오래된 것 같다. 거기다 방학이 되기가 무섭게 어김없이 집으로 내려오는 막내아들은 저를 기다리는 애비의 마음은 안중에도 없는 듯 친구 만나랴, 데이트하랴, 여행 다니랴, 아예 얼굴을 잊어버릴 정도다.

  퇴근이 이른 날 저녁 식탁에서야 겨우 몇 마디의 간략한 얘기를 나눌 수 있는 기회가 주어지지만 그것도 잠시뿐 황망히 제 방들을 찾아 들어가 버린다. 그러면 집 안은 고즈넉하기만 하고 밀려드는 공허함에 나는 몰래 방황하는 영혼으로 부유한다.

  품안의 자식이란 옛말이 하나도 그른 것이 아님을 실감하는 요즘, 내 마음은 흡사 귀중한 무엇이라도 잃어버린 듯이 허전하다. 자식 키우는 것을 우리는 흔히 농사일에 비유해서 자식농사라 한다. 농부가 봄에 씨를 뿌리는 것만으로 풍성한 수확을 약속받는 것은 아니다. 제때에 잡초를 뽑아주어야 하고 김도 매줘야 한다. 알맞게 약도 쳐야 하고 자양분이 될 거름도 적당히 주는 등 온갖 정성을 다 쏟아야만 풍작을 기대할 수 있다. 그러기에 벼를 뜻하는 쌀(米)자는 여든여덟 번의 손길이 닿아야지만 땀 흘린 보람을 찾을 수 있다는 의미가 새겨진 것이라 하지 않던가?

  내 어린 시절, 물질이 궁핍하고 엄격한 통제가 늘 뒤따르던 유년이긴 했어도 희미한 석유 등잔불이 봉창을 물들이는 시간에서 밤이 이슥하도록 부모님과 마주앉아 정담을 나누던 기억이 아쉽다. 장래의 꿈에 대한 이야기로 사뭇 진지하기도 했고, 겨울 걱정, 양식 걱정으로 온 가족이 마음 하나로 통하던 포근함이 그 속에 은은히 배여 있었다.

  모두 한 상에 둘러앉아 나누던 단출한 밥상이긴 했어도 유년의 그 정겨움은 지금 내가 살아가는 삶이 주춧돌과 같아서 늘 그리움으로 점철되곤 한다. 고도화된 문명과 함께 엄습해 온 뿌리의 흔들림, 가정이 하는 역할이 소외당하고 부모의 권위가 자꾸만 실추되어 가는 현실, 그 속에서 자라나는 아이들은 겸손과 절제를 모르고 극도의 이기심과 나약함으로 인간다운 면모를 차츰 잃어가고 있다.

  내가 선고先考로부터 받은 가르침으로 내 자식들을 길들이려고 한다는 것은 참으로 어리석은 생각이요, 자칫하면 자식을 크게 어긋나게 하는 결과를 가져오는 아비로 전락될 우려마저 없지 않은 현실이다. 어쩌면 이 시대는 가문의 질서를 위한 엄격한 훈계보다 따뜻하고 부드러운 사랑을 베푸는 것이 오히려 더 현명할지도 모른다는 생각이 든다.

  며칠 전, TV프로에서 백로의 삶을 밀착 취재한 다큐멘터리를 본 일이 있었다. 백로들이 제각기 짝을 만나고 둥지를 틀어 알을 낳고 그 알을 품은 지 보름 만에 부화된 새끼들을 어미 새가 훌륭히 키워내는 과정을 영상에 담은 것이었다. 아름다운 감동이 그 밤을 채웠다. 새끼를 길러내는 어미 백로의 사랑은 그 누구도 침범할 수 없는 본능적인 방어였으며 자연의 온갖 재앙을 자신의 몸으로 처절히 막아내는 살신성인의 정신을 보여주고 있었다.

여름 한나절, 강하게 내려쬐는 뜨거운 태양을 어미 새가 감내해내는 장면은 특히 눈물겨운 희생이었다. 전신의 깃을 펼쳐 서늘한 그늘을 새끼들에게 만들어 주는 본능은 인간으로서도 감히 따르기 힘든 숭고함을 느끼게 하였다. 드디어 새끼는 서투른 날갯짓으로 선회비행을 하게 되고, 스스로 먹이를 찾을 수 있게 되었을 때, 묵묵히 이 모든 것을 지켜보던 어미 새는 천천히 떠날 준비를 한다. 긴 겨울여행을 위해 낙동강 변의 먹이를 충분히 먹이고 난 다음 지치고 늙어버린 육신으로 새끼들을 둘러본 뒤 미련 없이 둥지를 떠나 먼 여정에 몸을 맡기는 것이었다.

아내와 함께 아이들을 키우면서 내밀히 가져왔던 기대와 보상심리를 이젠 버려야 할까 보다. 내일은 또 겨울 산행을 해야겠다. 그래서 텅 빈 들판의 어귀에서 물기에 젖은 낙엽을 밟으며 사람 사는 길을 다시금 되새기고 싶다.

남김없이 모두 떠나버린 겨울의 산길이 마냥 허허롭지는 않을 것이다. 다가오는 봄이 가져다 줄 환희의 속삭임이 언 땅 위에서 조용히 숨 쉬고 있기 때문이다.

모과

 가을이 깊은 속내를 드러내기라도 하듯, 오늘따라 맑은 하늘을 머리에 이고 청아한 모습으로 내 앞으로 다가선다. 길게만 느껴졌던 하루해가 종종걸음으로 가쁜 숨을 몰아쉬며, 갈 길을 재촉이나 하듯 가을은 마음과 몸을 바쁘게 움직이는 시간이다.

 문득 밭 가 한구석에 서 있는 나무 한 그루에 눈길이 머문다. 오수를 즐기며 서 있는 품이 마치 제 할 일을 다했다는 듯 오늘따라 더욱 넉넉해 보인다. 가까이 다가서 보니 우둘우둘한 피부는 흡사 게 껍데기처럼 거칠고 단단해 보인다. 몸뚱이는 멋대로 비틀어져 볼품이 없는데다, 손으로 만져보니 까칠까칠한 것이 거부감마저 일으킨다.

 바람 한 가닥 스쳐가니 겁에 질린 듯 잎사귀들이 우수수 한꺼번에 떨어진다. 고개를 드니 황금빛 열매가 옅은 햇살을 머리에

인 채 주렁주렁 달려 있다. 발밑에 떨어진 하나를 집어 드니, 향긋한 내음이 코끝을 스치는데, 툭 쏘는 향이 예사롭지 않음을 느낀다. 나도 모르게 지그시 눈을 감는다. 한동안 얼어붙었던 마음이 물속에 풀어 놓은 물감처럼 몸 안에 전해져 옴을 느낀다.

 '어물전 망신은 꼴뚜기가 시키고, 과일전 망신은 모과가 시킨다.'는 말이 있다. 이 말은 겉으로 드러난 꼴뚜기나 모과의 생김새를 두고 일컫는 것 같은데, 꼴뚜기는 그렇다 치더라도 모과에 대해 폄하하는 것은, 모과의 속성을 전혀 모르고 하는 말인 것 같다.

 과일전을 기웃거리다 보면, 겉이 번지르르하고 모양새도 갖추고 사람들의 눈을 현혹하는 과일들이 수없이 많음을 본다. 하지만 겉과는 달리 맛을 보면 씁쓰름하면서 거부감을 일으키는 과일이 있는가 하면, 못생겨도 입맛을 당기는 과일들도 얼마든지 있다.

 모과는 세 번 놀라게 한다는 말이 있다. 못생겼지만 특유의 향이 있어 좋고, 감칠맛은 없지만 차를 만들어 끓여 먹으면 그 은은히 풍기는 맛에 놀라고, 천덕꾸러기로 차부한 나머지 아무도 넘겨다보지 않는 뒤뜰에 심었지만, 뛰어난 약효 때문에 놀란다고 한다.

 사람도 예외일 수 없다. 세상을 살아가다 보면, 사람끼리의 만남에 있어, 겉과 속이 다른 사람들은 얼마든지 볼 수 있다. 남의 눈만을 의식하면서 좋은 면만 보이려고 애쓰는 사람이 있는가 하면, 자신의 잘못은 인정하지 않고 일이 뜻대로 성사되지 못할 경우, 모두를 남의 탓으로 돌리는 사람들을 우리 주위에서 얼마든지 볼 수 있다.

중국이 원산지로 알려진 모과나무는, 늦은 봄에 엷은 홍색의 청초한 꽃을 수없이 달고 나오는데 가히 환상적이라 할 수 있다. 여름 내내 깊은 침묵 속에서 침잠하는 시간을 보내다가, 늦가을 서리가 내릴 무렵이면 노랗게 익어 사람들의 눈을 현혹시키는 것이다.

낙엽을 밟으며 주워 온 모과를 정갈하게 씻는다. 도마 위에 올려놓고 서툰 솜씨로 채를 썬다. 보기와는 달리 단단해서 여간 힘들지 않다. 차곡차곡 유리 용기에 모과를 한 겹 깔고, 설탕을 얹고, 다시 모과를 한 겹 얹고 또 얹기를 거듭 반복했다.

이제 머잖아 모과 차를 끓이는 손이 바빠질 테고, 오랜 시간 잊혀졌던 그리운 얼굴들을 한데 모아 자리 함께하고 싶다. 서로의 체온이 녹아 모과 향 속에 은은히 풍겨나올 것을 생각하니 그저 흐뭇하기만 하다.

바위채송화

 산새도 넘나들지 않는 산의 정상 그 후미진 바위틈을 비집고 피어나는 노오란 꽃, 그는 바위채송화다. 이를 집념의 꽃이라 하면 나만의 생각일까. 가만히 그를 떠올리면 까닭 없이 차오르는 희열로 가슴이 부풀어진다. 그를 처음 만난 것은 햇빛이 찬란한 어느 봄날이었다. 산행하던 나의 시선을 붙들어 매던 걸음을 멈추게 한 그 꽃은 무척이나 인상적이었다. 척박한 바위에 다소 곳이 걸터앉아 뿌리를 내리고 고운 자태로 내 앞에 다가서는 그를 만났을 때, 나는 마치 기다리던 연인이라도 만난 듯 무척이나 반가웠다.
 호젓한 곳에 오직 바람과 새소리만을 벗 삼아 제 분수를 지키며 살아온 작은 몸짓, 소리 죽인 기척에도 수줍게 떨던 잎새는 근심으로 짓눌린 내 가슴을 어루만지는 듯 잔잔한 감동을 안겨 주기에 충분했고, 옹골찬 생김새는 가난하지만 성실한 서민들을 닮았기에 마냥 편안하기만 했다. 순리에 순응할 줄 알면서도 제 목소리를 잃지 않는 초연한 자태. 나는 그에 매료되어 해마다 봄을 기다리고 뜨거운 여름날의 산행을 기어이 감행하는지도 모른다.

  나와 꽃과의 인연은 깊다. 어쩌면 살아온 세월만큼의 무게를 담고 있다는 말이 더 정확할는지도 모른다. 까마득히 잊혀져가는 기억의 저편, 난생처음 집을 뒤로한 채, 어머니 손을 잡고 초등학교에 입학하러 가던 날이었다. 학교 운동장에 들어서니 온 세상을 하얗게 뒤덮던 벚꽃이 바람이 살랑거릴 때마다 분분히 떨어지던 그 광경은 말 그대로 황홀한 환상이었다. 그러나 황홀함은 잠시뿐, 아픔이나 슬픔이 무엇인지 잘 모르던 어린 내 가슴에 분분했던 그 꽃잎들은 어쩐지 쓸쓸하고 서러운 삶의 조각이 되어 어지럽기만 하였다. 처음 대하는 얼굴과 얼굴들, 검은 테 안경 너머로 긴 칼을 곁에 찬 훈장들 앞에 섰을 때는 알 수 없는 괴리감, 세상으로부터 단절되는 외로움의 근원을 분분한 그 꽃잎에서 발견한 것인지도 모를 일이었다. 딱히 무엇이라 명명할 수 없었던 감정의 북받침으로 시름없이 앓던 소년 시절의 기억이다.

  초여름 비바람이 우리 집 마당을 휩쓸고 지나간 뒤면 어김없이 떨어지는 감꽃 또한 잊을 수 없다. 청초한 여인의 서늘한 이마처럼 단아하고 깨끗한 그 꽃을 실에 꿰어 놀던 일은 지금도 선연하다. 창백해진 감꽃들이 때 이르게 떨어지면 나는 까닭 모를 그리움들로 망연해지곤 했었다.

그러나 아무래도 나와 꽃과의 본격적인 인연은 고등학교에 들어가서야 시작되었다. 당시엔 취미 삼아 꽃을 가꾼다는 것은 엄두도 못 내던 때였다. 마침 원예과에 다니던 급우로 말미암아 꽃을 가까이하게 되었는데, 그는 유리로 된 학교 온실을 관리하는 일에 꽤 익숙해 있었고, 꽃을 키우고 식물을 다루는 솜씨가 여간 아니었다. 하루는 그로부터 토분에 담긴 제라늄 한 화분을 건네받았다. 빨간 제라늄에는 이국적인 향취가 물씬 풍겼다. 진초록 잎새는 후육질인데 거무스름한 테를 두른 것이 두텁고 역겨운 냄새를 약간 감고 돌았지만 결코 싫지는 않았다. 채송화나 봉선화와는 사뭇 다른 정념의 색채가 강한 제라늄, 그것이 나와 맺은 최초의 꽃과의 인연이었다.

학교를 파하고 집으로 돌아오면 꽃을 들여다보는 것이 하나의 크나큰 즐거움이었다. 진학문제며 잡다한 번민과 갈등들을 일시에 해소해 주는 청량제 구실을 했던 꽃이기도 했다. 나는 그때 사람에게서보다 자연과 꽃에서 더 큰 위안을 얻고자 했는지도 모른다. '빡빡하고 고달픈 하루하루의 연속에서 꽃에서나마 위안을 얻고자 기를 썼던 것이 아니었나.' 반추해 본다. 그러나 제라늄은 그해 겨울을 넘기지 못하고 그만 내 시야에서 사라지고 말았다. 꽃을 보고 좋아만 했지, 관리하고 키울 수 있는 지식이 없었던 탓이었다. 나의 우둔함을 뉘우치면서 소생을 위해 정성을 다했지만 아무 소용이 없었다.

학교를 졸업하고 사회에 발을 들여놓으면서 산과 들을 찾는

횟수가 잦아지고, 무수히 피고 지는 꽃을 대하는 시간을 늘리면서 전문적인 서적을 대하는 기회를 가질 수 있었다. 어떤 때는 꽃가게를 기웃거리면서 제철에 맞는 꽃을 구해 키운 지 십수 년이나 되었다. 지금은 꽃의 전문가라 해도 무색지 않을 정도로 식견을 갖춘 셈이 이라고나 할까. 삶이 어디 내 욕심처럼 되겠는가마는 훗날, 고즈넉한 여유가 노을처럼 잦아드는 때가 오면 꽃과 식물로 채워지는 그런 생활을 꿈꾸고 있다. 혹독했던 그 겨울, 그때의 추위만큼이나 어려웠던 내 삶에 따뜻한 위안이 되어 주던 제라늄을 잃은 상실감을 이제라도 치유하고 싶은 마음이 앞서기 때문이다.

  바이올렛이나 봉선화, 베고니아, 제라늄 등은 시나브로 꽃을 피우지만 추위에는 약한 식물이다. 제각각 아름다운 꽃봉오리를 맺으며 다양한 향기와 빛깔을 선물해 주는 만큼 보온과 일광에 더욱 신경을 써야 한다. 나는 종류도 다양한 꽃의 향기를 일일이 맡으면서 사람 사는 이치를 때때로 가늠해 보기도 한다. 사람도 제각각 타고난 빛깔과 향기가 있어 그에 알맞은 일과 직업을 가지게 된다면 일생을 순탄하게 살아갈 수 있지 않을까 하는 생각을 하게 된다. 그러나 그들은 참을성이 없어 제 요구에 어긋나는 생장조건이면 스스로 살아남기를 거부하고 이내 그 일생을 마쳐버리고 만다. 참고 견디는 것이야말로 반석에 이르는 불가결한 요소인데 불행히도 우리 인간들 역시 그것을 모르는 것만 같다는 생각이 든다.

나는 꽃이라면 어느 것이든 개의치 않는다. 얼어붙은 동토, 눈밭 속에서 살포시 고개 내민 청초한 복수초도 좋고, 추위가 기승을 부려도 어김없이 봄을 안겨 주는 백매화나 노란 영춘화, 그리고 빨간 장수매도 싫지 않다. 이름 모를 해안가 아스라한 절벽이나 언덕을 가리지 않고 이른 봄이면 변함없는 자태로 열정을 토해내는 동백꽃인들 마다하겠는가. 산과 들에 무수히 피고 지는 진달래, 잎보다 먼저 환한 미소로 환한 얼굴을 내미는 순백의 목련도 참으로 고귀하고 담백한 품성을 지니고 있다. 잎이 풍성한 한여름에 다투어 피고 지는 배롱나무의 열정도 좋고, 자귀나무의 요염한 자태나 울타리 너머 늘어진 덩굴장미 아래 수줍은 듯 고개 숙인 봉선화는 신선함의 극치라 할 수 있다.

하지만 그중에서도 나는 단연코 바위채송화를 사랑한다. 별과 바람과 달빛으로 빚은 아름다움과 스스로 풍겨 나오는 고독의 경지, 순일한 생명의 백미를 보여주는 그가 지닌 매력이 나를 유혹하며 끌어당긴다. 삶의 진정한 의미가 무엇인지를 알고 참고 견디며 살아가는 지혜를 그를 통해 나는 매번 일깨우곤 한다.

주어진 순리를 따라 생을 관조할 줄 알고, 오로지 한곳에 머물면서 담담한 눈길로 세상을 관조할 줄 아는 힘을 그는 지니고 있다. 어쩌면 우리네 인간들이 그를 닮으려 그가 지닌 빛깔과 자태를 흉내 내는 것은 애당초 어설픈 노릇인지 모를 일이다. 그러나 그를 탐하고 가까이 두고 싶은 내 욕망은 쉽게 떨쳐버릴 수 없다.

오는 주말엔 그를 찾으러 봄빛을 앞세우고 산행길에 나서야겠다.

배롱나무

　가로수라고 하면 흔히 플라타너스나 버드나무가 자리매김한 지도 꽤 오래인 듯싶다. 긴긴 여름날 따가운 햇살을 머리에 이고, 뽀얀 먼지를 둘러쓰고도 말없이 그늘을 드리우며 삶에 찌든 우리네 민초들에게 휴식과 위안을 보내주곤 했다. 생각해 보면, 이 두 가로수는 오랫동안 우리들과 친숙해진 것들이라 할 수 있다. 그러다 성장을 꾸민 잎들을 하나둘 떨구어내고 침잠하는 시간이 오면, 그 고마움을 깡그리 잊은 채 가지치기라는 미명하에 온몸이 무참히 수난을 당해도 변함없이 그 자리에 서 있었다. 봄이 오기가 무섭게 이내 새싹을 틔우고 가지를 뻗어내고 반복되는 일상 속에서 우리들과 삶의 애환을 같이하면서 언제나 우리들 곁에 서성대기를 주저하지 않았다.
　그러다가 도로가 포장이 되고 초가집들이 하나둘 사라지고, 모두가 일어서 잘 살아보자고 외치는 소리가 드높아지면서, 예 섰던 그 자리에 푸른 장막을 두른 철갑옷으로 중무장한 히말라야시다라는 낯선 점령군에게 한동안 그 자리를 물려주더니, 지금 그 점령군조차 흔적 찾을 길 없으니 격세지감이 든다.

이에 뒤질세라 그 뒤를 이어 은행나무가 등장하더니 지금까지 변함없이 그 자리를 굳건히 지키고 있다. 은행나무를 두고, 중국 사람들은 당대當代에 심어 손자 때에 가서 결실을 거둔다는 뜻으로 공손수公孫樹라 일컫기도 한다. 이 나무는 원래가 교목성이라 높이 자라는데다, 성장속도가 빨라 널따란 공간이 제격이라 할 수 있는데, 사람들은 타고난 성정은 아랑곳하지 않고 기호에 따라 가까이 두는 걸 주저하지 않는다.

그래서인지 어딜 가나 대부분의 가로수가 은행나무로 자리매김하고 있다. 아무래도 도심지의 가로수로서는 무리인 것 같다는 생각이 든다. 그가 지닌 본래의 성정을 상실한 아픔도 크겠지만, 여기저기에서 쉴 사이 없이 품어 나오는 온갖 매연과 시멘트로 얼룩진 좁디좁은 공간에 터를 잡아, 버티고 서 있는 걸 보면 대견스러우면서도 한편으로는 안쓰러운 생각마저 들기도 한다.

고도로 발달된 문명과 끊임없는 인간의 욕망 앞에 환경은 점차 파괴되고, 지구의 온난화는 가속화되고 있다. 국립생물자원관에서 밝힌 바에 의하면, 한반도의 난대성 상록활엽수 48종의 생육지를 조사한 결과, 지난 60년 동안 모든 조사대상 식물의 북방한계선이 14에서 74km까지 북쪽으로 이동한 것으로 나타났다고 한다. 결국 난대성 식물이 점차 북상하고 있다는 것이다.

비근한 예로 상록활엽수인 보리밥나무와 후박나무는 60년 전에는 전라북도 어청도까지만 자랐지만, 지금은 인천 백령도와 덕적군도에서도 관찰된다고 한다. 사과 주산지가 북쪽으로 점차 이동하고, 제주도에서만 생산되던 감귤 농사가 내륙지방에서 재배되는 것만 봐도 이를 짐작할 수 있다.

늦었지만, 이런 변화의 바람을 타고 이 땅에 배롱나무가 요즘 사람들의 시선을 끌기 시작했다. 배롱나무는 오래전부터 남부지방에서 사찰이나 비교적 사람들의 발길이 뜸한 무덤 가나 재실, 사당 근처를 지키면서 남녘 사람들과 애환을 함께해 온 민속수라 할 수 있다. 흔히 이 나무를 일컬어 슬프고도 짙게 백 일 동안 꽃을 피운다고 하여 백일홍百日紅이라 부르기도 한다.

이처럼 한 나무가 오랫동안 그것도 백 일 동안이나 꽃을 피우는 경우는 아주 드문 일이다. 나무가 꽃을 피우는 작업이란 알고 보면, 누구에게 보여주기 위해서가 아니라 자손을 번식하기 위한 본능적인 것이며, 적당한 시기에 적당히 번식할 만큼만 꽃을 피우면 그만인 것을 그들 자신은 잘 알고 있다.

배롱나무 역시 번식하기 위해 꽃을 피우긴 하지만, 방법이 다른 나무들과는 좀 다르다. 대부분의 나무는 거의 같은 시기에 꽃을 피워 스스로가 맡은 의무를 다한다. 그러나 배롱나무는 꽃을 피우기 위해 철저하게 분업체계를 갖추고 있다. 그것은 백 일 동안 쉼 없이 꽃을 피워내야만 열매를 맺기 때문에, 피웠다 지고를 반복하게 되는 것이다. 사람들은 이를 두고 끊임없이 열정을 토해 낸다고 찬사를 아끼지 않는다.

우리들이 부르고 있는 배롱나무란 이름은 단지 백일홍을 우리말로 바꾼 데 지나지 않고, 나무의 특성을 이해하는 데는 별로 도움이 되지 못한다. 그리고 보면, 백일홍이란 이름이 무색할 정도로 외국에서 수입된 흰배롱나무, 보라색배롱나무, 연분홍배롱나무 등 지금은 꽃 색깔이 너무나 다양하다.

근래에 들어와 가로수나 정원수에 대한 인지도가 높아지면서 배롱나무가 갑자기 각광을 받기에 이르렀다. 특히 남부지방 곳곳에 지금 배롱나무 식재가 한창이다. 가로수나 공원 등 가리지 않고 여기저기 배롱나무가 심어져 있음을 본다.

부처꽃과의 이 배롱나무는 다른 나무와는 달리 껍질이 없다. 물론 대나무도 껍질이 없는 건 마찬가지지만, 배롱나무는 껍질이 없으면서도 대나무처럼 속이 비어 있지 않고 꽉 차 있다. 재주 많은 원숭이도 이 나무에 오르기 위해 애를 쓰지만 미끄러질 정도다. 그래서 일본에서는 이 나무를 두고 '사루스베리' 즉 '원숭이가 미끄러지는 나무'라 부르기도 한다.

얼핏 보아 껍질이 없어 다소 밋밋한 것 같지만, 나뭇결이 곱고 재질이 단단해서 여러 가지 세공품을 만들기에도 좋고, 고급 가구나 조각품, 장식품을 만드는 데 귀하게 쓰일 뿐 아니라, 겉과 속이 다른 나무보다 겉과 속이 일치하는 존재로 예로부터 선비들 사이에 고고한 기질과 품성을 갖추고 있다 하여 일편단심一片丹心의 상징으로 통했다. 그래서 그들은 자신의 마음을 배롱나무를 통해 드러내기를 주저하지 않았다.

따뜻한 남쪽에서만 볼 수 있던 배롱나무가 훈풍을 타고 올라가 지금은 강원도나 경기지방에서도 볼 수 있게 됐다. 배롱나무의 습성은 양지바른 곳을 좋아하며, 빨리 성장하며 한꺼번에 가지를 많이 만들어내며, 내한성이나 병충해에도 강해 쉽게 키울 수 있다.

내가 자주 찾아가는 진양호반晋陽湖畔에 가면 배롱나무 군락이 수없이 펼쳐져 있음을 본다. 가장 뜨거울 때 선홍색의 화사한 꽃을 수없이 달았다 피워내고 지기를 반복하며, 푸르디푸른 잎은 화색花色과 오묘하게 조화를 이루는 모습은 가히 장관을 이룬다.

그러다 사람들의 발길이 뜸해지면, 바뀌는 계절을 스스로 감지하고는 황금빛 잎들을 하나둘 떨어뜨린다. 그 속에는 조신하며 뒤안길로 물러 앉아, 가녀린 자태로 조용히 물러설 줄 아는 지혜로움이 배어 있음을 본다.

지금은 찬 서리가 내리고 만상이 고요와 침잠 속에 묻힌 겨울. 모든 걸 떨쳐버리고 나신으로 아낌없이 속살을 드러내고 있는 배롱나무. 말없이 그냥 그 자리에 서 있어도, 그 속에는 은근과 끈기로 화사한 봄을 기다리는 넉넉함이 있어 바라볼수록 마냥 사랑스럽기만 하다.

누군가가 사랑하면 보인다고 했다. 배롱나무와 함께 그 속에 나의 삶의 한 부분을 함께 엮어 본다. 눈부시도록 아름다운 그날을 기다리는 부푼 기대와 함께, 이 세상 모든 것들을 아름답도록 사랑하리라고 다짐해 보는 순간이다.

삶의 편린 앞에서!

 입춘을 지난 어느 날, 시 외곽에 위치한 E노인전문병원을 찾았을 때는 하루해가 거의 기울어 가는 저녁 무렵이었다. 교육계의 원로이며 평소 격의 없이 친분을 나누던 Y선생님 병문안을 하기 위해서였다. 입소문으로만 듣고 찾아간 그 병원은 널따란 공간에 주차 시설과 정원이 잘 꾸며져 있는 데다 생각보다 깨끗하고 꽤나 큰 규모를 갖추고 있었다. 병실 문을 두드렸지만 그는 없었고, 눈길이 마주친 간호사를 따라 발을 들여놓은 곳은 재활치료를 하는 곳이었다. 여기저기 갖가지 재활기구들이 놓여 있고, 많은 환자들이 치료에 여념이 없어 보였다.
 실내를 한참이나 찾아 헤매던 끝에 동쪽 창가로 눈길이 머무는 순간, 휠체어에 앉아 있는 그와 눈길이 마주쳤다. 그 순간 내 의식은 정지된 채 옴쭉달싹을 할 수 없었다. 내가 알고 있는 그는 우람한 체구에 검은 머리카락 사이로 흰 머리가 하나둘 듬성듬성 나 있는 모습 그것이었는데, 병원을 찾기 전까지 내가 그리던 그의 모습은 분명 아니었다. 휠체어에 의지하고 있는 사람은 백발이 성성한, 기력도 쇠잔해 보이고 너무 가녀린 모습이었다. 마치 오래전 본 영화 「빠삐용」을 연상케 했다. 빠삐용이 사형선고를 받고 감옥에서 복역 중 몇 차례 탈출을 시도하다 번번이 실패하여 무인도에서 좌절과 절망의 늪에서 낡은 의자에 앉아 처절하게 시간과의 싸움을 보내는 그런 장면이 자꾸만 연상되었기 때문이다.

가까이 다가가 그와 눈이 마주쳤는데도 그는 시종일관 무덤덤한 표정으로 내 얼굴만 뚫어지게 쳐다볼 뿐 아무런 반응이 없었다. 그 순간 내 자신이 어쩐지 쑥스럽고 겸연쩍다는 생각만이 꼬리에 꼬리를 문 채 나를 편안히 놓아 주지 않았다. 망설이다 그의 손을 덥석 잡고 말았다. 그제야 비로소 피부로 느껴지는 그의 따스한 온기가 내 몸으로 번져오면서 그의 입가에 잔잔한 미소가 서서히 번지기 시작했다. 연이어 내가 던지는 몇 마디 말에 더듬거리며 한 마디씩 건네 오는 말은 무슨 내용인지 가늠하기조차 어려울 정도였다. 앞뒤 말을 조합해야만 짐작으로 겨우 알아 차릴 수 있었다.

결국 병원을 찾기 전까지의 나의 기대는 순식간에 무너졌고, 허탈감과 상실감만이 한꺼번에 밀물처럼 밀려들고 말았다.

그는 나보다 여섯 살이나 위인 교육계의 원로이며 선배이시다. 그와의 조우는 내가 진주문인협회 일을 맡고 있을 때였으니까

15, 6년 전으로 거슬러 올라간다. 내 고향 진주는 이름 그대로 천년 고도인 동시에 문향의 고장이라 일컫는 곳이다. 지방예술제의 효시인 '개천예술제'가 해마다 10월 3일이면 이곳에서 열리는데, '개천문학 백일장'은 전국의 문사들이 몰려들어 한때 문학을 지망하는 사람들의 등용문이며 동경의 무대이기도 했다.

원래 예술단체 모두가 그렇듯이 진주문인협회 역시 창립된 지 반세기가 넘는 연륜을 자랑하고 있었어도 변변한 사무실 하나 마련하지 못하고, 언제나 동가식서가숙 식으로 떠돌이 생활을 하고 있을 때였다. 그런데 그때 내 운이 닿았던지 뜻을 함께하는 몇몇 사람들과 진주시의 도움을 얻어 30여 평이나 되는 사무실을 마련하게 됐다. 널따란 공간에 집기를 들여놓고 부대시설까지 곁들이다 보니 평소 생각하지도 않던 일들이 생겨나기 시작했다. 여러 사람들의 자문도 받고 주위의 권유로 제일 먼저 착수한 것이 '문학 강좌'를 개설하는 것이었다. 얼마 가지 않아 순식간에 수강생이 몰려드는 바람에 운문과 산문으로 반을 나누고 오전반과 오후반으로 나누어 하루 2회에 걸쳐 실시하게 됐다. 강사는 주로 원로 문협 회원이나 인근 대학에 재직하고 있는 교수들을 초빙하는 것으로 원칙을 정했다.

수강생은 주로 전업주부들이었고, 남자들은 공직에서 퇴임한 사람들이 거의 대부분을 차지했다. 그중 가장 연로하신 분이 Y선생님이셨는데, 그때 그의 나이 일흔을 바라보고 있었으니 무척이나 늦깎이로 문학에 입문한 셈이다. 하지만 Y선생님은 나이를 잊은 듯 여러 사람들과 어울리기를 좋아했고, 매사에 적극적으로 참여하기를 주저하지 않았다. 그런 그의 열정이 결실을 거두어 전후반 모든 과정을 마친 후에도 문학동아리를 만들어 매월 사무실에 모여 합평회를 갖기도 하고 친목을 도모하며 화기애애한 분위기를 만들어 갔다. 3년쯤 지났을까, 뜻밖에 '진주수필문학회'를 창립하여 『진주수필』 창립회장으로 창간호를 발간하여 주위를 깜짝 놀라게 하기도 했다.

그는 한때 6·25 학도병으로 참전하여 화랑무공훈장을 수훈한 참전용사이기도 하다. 젊은 교사 시절부터 서예에 몰두하여 몇 차례에 걸쳐 국전에 입상하는 한편, 한동안 경남서예대전 초대작가 일을 맡아 바쁜 시간 속을 거닐기도 했다.

늘그막에 그의 문학에 대한 집념과 열정은 식지 않아 수필창작에 매진한 결과 『계간수필』로 등단까지 했다. 매월 열리는 계수회 합평회에도 진주라 천 리 길 마다하지 않고 빠짐없이 참여하기도 했고, 등단 이후 중앙은 물론, 지방에 있는 각종 문학단체에도 가입하여 노익장을 과시하는 한편, 연전에는 처녀 수필집 『모래시계』를 상재하여 창작에 대한 집념과 열정을 토해내기도 했다.

평소 그는 말수도 적고 비교적 남의 말을 경청하는 태도여서 남들에게 호감을 샀고, 훤칠한 키와 운동으로 단련된 다부진 몸매에 사람 좋기로도 정평이 나 있는 분이기도 했다.

제아무리 강건하다 해도 인생의 생로병사를 마음먹은 대로 어찌할 수 없다는 것을 쇠잔해진 그의 육신을 보면서 잠시 생각에 잠겨 본다. 바람처럼 허허로운 것이 우리네 삶이라는데 무엇을 바라고 무엇을 욕심내며 무엇을 더 소유하려 안간힘을 쓸 것인가.

병원 문을 나서는 발걸음이 그날따라 잔뜩 무겁기만 한데, 바깥에는 철 늦은 봄을 재촉하는 장대비가 쉼 없이 차창을 때리고 있었다.

섬, 그 아름다운 곳

섣달 보름밤의 달빛이 울돌목 해면 위로 환하게 떠오른다. 일행들은 밤바람을 맞으며 진도대교 위를 걷고 있다. 눈앞에 닥친 잡다한 일상들로 자신의 실체마저도 잊고 살아가는 오늘의 처지를 생각해 본다. 어쩌면 우리들은 지나치게 생활에 얽매여 소중한 감성들을 키우지 못하고 살아가고 있는지도 모르겠다.

오랜 역사 속에서도 여전히 살아 있는 격전지의 물살은 그날의 처절했던 기억을 되새기려는 듯 소용돌이치며 제 몸을 떤다. 저만치서 거대한 몸체를 드러낸 시커먼 발동선이 다리 밑을 미끄러지듯 굴러가고 세월 또한 저 발동선처럼 그렇게 흘러갈 것이다. 머잖아 스러질 겨울 풍광과 함께 추억거리를 만들 수 있는 섬으로의 여정은 오랜만에 들뜬 기분을 만끽하게 한다. 더구나 하룻밤을 섬에서 보낸다는 달콤함은 내 마음을 통째로 흔들어 놓는다.

느지막한 시간, 그 첫날에 당도한 곳은 진도의 바닷가 기슭에 자리한 토담산장이다. 둘러앉아 시장기를 달랜 후 안내를 맡은 K 시인이 몸소 겪었던 중앙아시아에서의 체험담을 듣는다. 말로만 듣던 조선족의 강인한 삶의 현장을 눈으로 보듯 감명으로 와 닿는다. 사뭇 진지한 질문들이 늦도록 계속된다. 그 가운데 '여행의 참맛이란, 그 나라 토속음식을 거부감 없이 받아들일 때 우러나는 것이다.'라는 그의 말에 수긍을 한다. 그러면서 나는 자신이 참 불행한 사람이라는 생각을 잠시 해 봤다. 음식 맛에 너그럽지 못한 탓으로 여행의 진미를 잃어버려야 했던 적이 더러 있기 때문이다. 몇 해 전 히말라야 트래킹을 갈 수 있는 좋은 기회마저도 이러한 이유로 놓쳐버린 일도 있으니 생각해 보니 참으로 한심한 노릇이 아닐 수 없다. 나이를 먹으면 좀 덜할 것이라고 기대하지만 모두가 허사다. 비위를 넓히려고 무던히 애를 써 보건만 잘 고쳐지지 않는다. 이로 인해 삶의 진정한 의미까지 결여되는 것이 아쉬운 때가 많다.

밤이 이슥해서야 일행들은 뒤뜰로 나왔다. 타오르는 모닥불을 바라보며 낯설지 않은 얼굴끼리 마주보며 둘러앉았다. 누가 먼저랄 것도 없이 노래가 시작된다.

'모닥불 피워놓고 마주 앉아서 우리들의 이야기는 끝이 없어라…'

차가운 밤공기는 고즈넉한 그리움을 싣고 멀리멀리 번져가고 그 여운은 검은 바다를 조용히 흔든다. 어딜 가나 좌중엔 타고난 말솜씨나 몸짓으로 시선을 끄는 사람이 있게 마련인가 보다. 살아온 바탕이나 연륜에 관계없이 어우러진 자리에 K씨는 유독 분위기를 잘 살린다. 집을 떠난 마음들이 저마다 하나가 된 데서 오는 흥겨움일 게다. 감정은 불꽃처럼 타오르고 높이 걸린 맑은 달은 근심 없는 얼굴로 달무리를 드리운다.

 이튿날은 조선 말기 남화의 대가였던 허유 선생이 기거하던 운림산방을 찾는다. 오솔길을 따라 한참을 걷다 보니 상큼한 골바람이 쏟아져 내리고, 멀리 보이는 연봉들이 병풍처럼 둘러 있다. 드러누운 산자락 기슭에 기와집 몇 채가 일행들을 반겨준다. 뜰 앞에 연못이 있고 연못 한가운데 나목이 된 배롱나무 한 그루가 추위에 떨고 있다. 설중매라더니 음지쪽에는 아직도 잔설이 흔적을 지우지 못하는데, 매화가지마다 터질 듯한 꽃망울이 영롱하다. 선홍빛 동백꽃은 윤기 나는 진초록 잎새 사이로 점점이 붉은 홍채를 내뿜고 있는 걸 보니 봄기운이 머지않음을 느끼게 한다.

 산방 안으로 들어선다. 20대에 대흥사 초의선사와 추사 김정희의 문하에서 서화를 배워 남화의 대가가 되었고, 헌종 임금의 총애를 받아 임금의 벼루에 먹을 찍어 그림을 그렸으며, 왕실 소장의 고서화를 평하기도 했다는 소치 허유 선생. 그가 남긴 유작들을 대하는 순간 비록 그 방면에는 문외한이지만 전하는 대로 시서에 빼어난 당대의 삼절이라고 칭송되었다는 말이 거짓이 아님을 실감한다.

 귀로의 시간이 임박할 무렵, 명창 조공례 할머니와의 해후는 이번 여행의 진수를 맛볼 수 있는 좋은 기회가 되었다. 그리 크지도 않은 키에 바르게 탄 가르마, 쪽진 머리, 해맑은 눈, 고운 물결이 이는 듯한 잔주름은 거친 세월도 비켜갔는지 단아하기만 하다. 시골에 묻혀 살면서 오로지 내 것으로 다듬고 가꾸어 온 소리꾼. 고희를 넘긴 나이지만 소리만은 누구에게도 뒤지지 않는 인간문화재 조공례 할머니의 노랫가락엔 인생의 희비애환이 굽이굽이 서린다. 그의 인생이 그 가락 속에서 구원받았음을 짐작하게 한다.

그의 농요와 만가, 씻김굿은 천 년을 버텨온 민중의 목소리가 이렇다고 절규한다. 이 땅을 살다간 민초들의 한과 흥이 그리고 삶의 무게가 이렇게 서러웠노라고 잘 말해 준다. 인간이 신의 힘을 빌려 창출해낼 수 있는 소리를 부여받은 목청에 한 인간의 삶이 여실히 드러난 그런 시간이었다.

아름다워지고 싶은 욕망

어느 통계에 의하면 우리나라 여성들이 세계에서 가장 많은 성형수술을 하는 것으로 알려지고 있다. 성형이 유행병처럼 번져 외모가 개인 간의 우열뿐 아니라 인생의 성패까지 좌우한다고 믿어 어느 사이에 외모지상주의에 지나치게 집착하는 사회 풍조가 되고 말았다.

얼굴의 윤곽에서부터 눈, 코, 입, 치아, 가슴, 다리, 복부 체지방 제거 수술에다 심지어 운명을 좌우한다는 손금에 이르기까지 그 수와 종류를 가늠하기조차 힘들 정도이다. 그런가 하면 요즘 들어 칼귀를 두고 외관상 보기에도 좋은 귀는 아니라고, 젊은이들 사이에서 이 칼귀 성형이 또 대유행인 것 같다. 귀를 성형하면 원하는 대로 미모도 빼어나고 운명이나 팔자를 과연 고칠 수 있을까.

남에게 예쁘게 보이고 멋지게 보이는 게 좋긴 하겠지만 가만히 생각해 보면 끔찍하고 힘든 일을 용케 참고 견디는 인내심 역시 칭찬받을 만하다. 너나 할 것 없이 성형하여 자연스런 아름다움은 말할 것도 없고, 운명까지 바꾼다는 막연한 기대심리에 타고난 개성이나 정신적인 가치마저 잃어가고 있지나 않은지 진지하게 생각해 보아야 할 것 같다.

따지고 보면 많은 사람들이 첫 대면에서 그 사람의 얼굴을 보게 마련이다. 그래서 내면에 감추어진 지적인 면보다 외모에 더 많은 신경을 쓰게 되는 것이다. 더군다나 취업이 힘든 요즈음 세상에서는 외모라도 뛰어나지 않고는 변변한 직장마저 구할 수 없는 시대라고 할 수 있다. 거기에다 여자들은 무조건 예뻐야 한다는 고정관념에 사로잡혀 오랜 시간을 두고 괴로워하다 어쩔 수 없이 성형을 하고 만다.

듣는 바에 의하면, 성형을 하면 우선 즐거움을 준다고 한다. 성형한 사람에겐 아름다워졌다는 즐거움을, 그 모습을 바라보는 우리에게는 그들을 바라보는 즐거움을 두루두루 선사한다는 것이다. 다윈이 그들의 모습을 본다면 분명 고뇌에 가득 차 자신의 이론에 회의적인 입장을 취하게 될 것은 자명한 이치가 아닐까. 유전과 자연 선택을 통해 오랜 시간에 걸쳐 이뤄지는 형질의 진화를 의학기술과 돈을 결합하여 초월하는 개체인 위대한 종, 그것은 버릴 수 없는 인간의 욕망 때문이다. 일반인을 대상으로 하는 성형 프로그램에서도 가장 눈길을 끄는 것은 '성형 전'과 '성형 후'를 한 화면에서 보여주며 비교하는 장면이 우리를 더욱 유혹하는 것 같다.

　얼마 전 신문을 보니, 젊은 아가씨가 결혼을 앞두고 유방수술을 하다가 사망한 일이 있었다. 그 충격이 얼마나 심했던지 뒤를 이어 어머니마저 저세상으로 가고 말았다는 내용이었다. 결혼이란 시대가 변하여도 두 사람의 인생관과 가치관의 결합과 서로 사랑하는 마음으로 결합하는 것이 당연한 이치인데도, 겉으로 나타나는 외형적인 면만으로 행복을 추구하려는 의도는 날이 갈수록 점점 하나의 큰 사회문제로 대두되고 있는 실정이다.

　지금은 최첨단 과학이 발달한 21세기이다. 끝 모르고 치닫는 인간의 욕망이야 무슨 방도로도 충족시킬 수야 없겠지만 조금의 만족감을 느낄 수 있는 방법은 있다. 하지만 자신들의 욕망을 위해 사람들을 희생시키기보다는 조금씩 자제하면서 자기만의 만족감을 채워주어야 하지 않을까. 즉, 성형수술이 좋다지만 무엇이든지 자연스러운 것이 최고라는 인식 또한 무시할 수 없다는 것이다. 우리들의 내면, 즉 사람의 인품과 성격을 잘 가꾼다면 그것만으로도 충분히 사람들의 호감을 살 수 있다. 그래서 자연스러운 모습이 더욱 보기 좋다는 것이다.

　돼지 목의 진주라는 말처럼 유행에 휩쓸려 성형수술을 하는 것은 결코 바람직한 일만은 아닌 것 같다는 생각이 든다. 자연스러운 내면의 아름다움 자신만의 특징과 개성을 살리는 게 보는 사람의 입장으로서도 보기에 좋고 금전적인 지출이나 자기 자신의 정신건강에도 훨씬 좋다는 것이다.

일례를 들면, 이웃 일본 여자들은 의외로 뻐드렁니가 많다는 것을 단번에 느낄 수 있다. 길을 가다 보면 우리나라 여자들보다 키도 작고 예쁜 여자가 적다고 하면 맞을 것이다. 그런데도 그녀들은 세계에서 결혼하고 싶어하는 여성 1순위를 달리고 있다. 모르긴 해도 그들은 안 예뻐도 예쁘게 봐 달라고 외치며 외모에서 질 것을 이미 운명처럼 낮은 자세로 받아들이고, 겸손함과 상냥함으로 그들의 가치를 높이는 데 주력해 왔던 것인지도 모른다. 남편에게 순종의 미덕을 보임으로 결혼하고 싶은 여자들로 바꾸어 놓은 것이다. 이게 더 아름다운 마음을 가진 현명한 여자이지 않을까.

사람을 판단하는 데 외모가 전부는 아닐지라도 우선은 겉으로 나타나는 것이 외모이고, 사람 됨됨이를 판단하는 것 또한 외모이다. 그러므로 외모는 중요하고 또 현대사회에서 살아나가는 경쟁력 중의 하나라 볼 수 있다. 하지만 지나친 외모지상주의는 경계해야 하지 않을까. 다만 외모지상주의 그 자체가 결코 나쁘다고만 단정 지을 수는 없다.

한 가지 바람이 있다면, 사람을 판단하는 기준에 있어 지나칠 정도로 외모에만 치우치지 말고 개개인이 지니고 있는 내면의 아름다움을 찾아내는 심미안적인 안목이 더 중요하다는 것이다. 사람의 내면이 아름다우면 그 사람의 얼굴과 몸에 그 아름다움이 나타난다고들 하는데, 평범한 얼굴에 비치는 정신적인 아름다움을 가꾸어 나가려는 풍조가 아쉽기만 한 오늘이다.

우울증

 3년 전의 일이다. 조기 위암 진단을 받고 곧장 복강경 수술에 들어가 위를 2/3 정도 절제하는 데는 성공했다. 그런데 수술 도중 전문의의 실수로 위벽에 있는 혈관을 잘못 건드려 다음날 다시 전신 마취 끝에 2차 수술에 들어갔다. 그것도 수술 다음날 아침에 우연히 간호사가 채혈을 하기 위해 주사 바늘을 혈관에 꽂았더니, 피가 한 방울도 나오지 않아 놀란 나머지 의료진을 급히 불러 연신 수혈을 하면서 배를 17㎝나 가른 후, 여기저기를 살피는데 피가 새는 곳을 찾지 못해 위 전체를 완전히 절제해 버리려고 시도하던 찰나, 무려 3시간 40여 분이나 걸려 가까스로 위벽에 있는 혈관이 터진 걸 발견하고 꺼져가는 생명을 겨우 건질 수 있었는데, 혈액이 든 팩을 무려 16봉지나 수혈한 후 13시간 만에 긴 잠에서 깨어날 수 있었다.

의사들은 그런 말들을 잘 안 하는데 어느 날 절친한 의사 친구가 내게 이르기를 부모로부터 받은 피를 한 번 쏟고 나면 기氣도 동시에 빠져나갈 뿐 아니라 몸 안의 면역체계가 무너지기 때문에 건강을 회복하는 데 무척 힘이 든다고 한다. 적혈구나 백혈구 숫자도 그렇고 같은 혈액형의 피를 수혈해도 몸에 잘 맞지 않는 경우도 허다하고 설령 몸에 맞더라도 점진적으로 거부 반응이 생긴다고도 한다.

  젊은 날에는 사계절 가리지 않고 휴일이나 주말이면, 산이나 바다 할 것 없이 발길 닿는 대로 원근을 가리지 않고 부지런히 쫓아다니곤 했다. 그러다 교직에서 정년을 맞이하고 십수 년을 들꽃과 나무 그리고 자연과 접하다 보니, 낯익은 얼굴들도 하나둘 멀어져가고, 자주 오가던 연락도 어느새 뜸해지고 말았다. 흔히 하는 얘기로 나이가 들면 성한 게 하나도 없다더니, 또래의 친구들을 만나면, 하나같이 머리에서 발끝까지 성한 곳 하나 없다고 이구동성으로 입 모아 같은 말들을 되풀이하곤 한다.

  평소 건강이라고 하면 어느 정도 남 못지않게 자신을 가지고 있었는데, 두 번에 걸친 큰 수술과 과다출혈로 인해 지금은 몸을 제대로 가누는 것조차 힘겨운 신세로 전락하고 말았다. 번민과 고독은 인간적인 성숙에 필요한 과정일 수도 있다. 이는 의미 없이 지내온 일상을 돌아보고 삶의 방향을 다시 생각해 보는 좋은 계기가 될 수 있는 것이기에 인생 황혼기에 맞닥뜨리는 번뇌와 고독은 위험한 존재라고 흔히들 말한다. 살아온 날들을 반추하고 성찰하는 기회도 되겠지만, 자칫하면 스스로를 위축시키고 자폐적인 절망에 빠져드는 덫이 될 수도 있지 않을까 하는 생각이 꼬리를 물고 일어나기도 한다.

그런데 이번 여름은 꽤나 어려운 고난과 시련을 내게 안겨 주었다. 연일 계속되는 폭염에 옴쭉달싹도 못 하고 집 안에 갇혀 있는 신세이다 보니, 잡다한 사념들이 꼬리에 꼬리를 물고 나타났다 사라지고 사라졌다 나타나기를 반복하면서, 생체 리듬이 하나둘 깨어지기 시작했다. 반복되는 시간의 연속, 그 시간 속에 얽매이다 보니, 육신은 지칠 대로 지쳐 매사에 의욕마저 상실해 버리고, 심지어 대인기피증까지 일어나 하루하루를 견디는 게 너무나 힘에 겨웁기만 했다.

생각 끝에 하는 수 없이 담당의가 있는 전문병원을 찾게 되었다. 문진 끝에 각종 검사가 시작되었고 오랜 기다림 끝에 나온 결론은, 심한 무더위를 견디면서 몸에 무리가 간데다 피로가 겹쳐서 그런 것이라며, 간단한 처방과 함께 영양제 링거 한 대 맞고 문을 나서고 말았다. 그런데도 불구하고 시간이 갈수록 몸과 마음의 무게를 혼자만의 힘으로는 감내하기 너무나 힘이 들어 생각다 못해 사위가 있는 한의원 문을 두드리고 말았다. 마주 앉아 근간에 일어났던 일말의 일들을 자초지종 얘기했더니, 별일 아니라며 이왕 온 김에 치료라도 받고 가라 하여 침과 뜸 물리치료까지 받고 가벼운 마음으로 병원문을 나왔다.

얼마가 지났을까. 공과금 낼 일이 있어 은행 창구에서 서성거리고 있는데 막내딸로부터 전화가 걸려 왔다.

"아버지! 어디세요?"

"공과금 내려 은행에 와 있는데 왜 그러냐?"

'작은형부한테서 방금 전화가 왔는데, 시간 있으면 아버님 모시고 정신신경과에 잠시 갔다 왔으면 좋겠다는 연락을 받고 전화드린다.' 는 그런 내용이었다.

뜻밖에 딸로부터 걸려온 전화는, 내게는 큰 충격으로 다가섰다. 면전에 대고 딱히 말문을 열 수 없었던 사위의 입장도 순간 이해가 가긴 했지만 마음이 쉬이 허락되지 않았다.

생각다 못해 딸과 함께 평소 친히 알고 지내는 정신신경과의원을 찾았다. 그 병원장과는 젊음이 한창일 때 자주 만나 술잔을 기울이며 오래전 지기를 다져온 터이었다. 한참이나 듣고 있던 그는 내 말이 채 끝나기도 전에 '우울증' 초기 증세라며, 몸 안의 면역체가 더 이상 견딜 수 없어 잠시 반란을 일으킨 것이기 때문에, 큰 병이 아니니까 걱정하지 말라는 위로의 말을 남기며 약 몇 봉지를 건네주기에 시키는 대로 부지런히 복용했다.

심리학자의 밀을 빌리면, 우울증은 현재의식과 잠재의식 사이에 있는 영혼이 빠져나가 버릴 때 일어난다고 한다. 현실 세계에서 아주 고통스럽다거나 슬픈 일을 겪으면, 영혼이 육체에 머물지 못하고 나가버리기 때문이라는 것이라는 것이다. 그런데 3개월 정도 약을 복용하고 때때로 링거를 맞아도 아무 소용이 없고, 오히려 몸과 마음은 더 무거워지고 시간이 흐를수록 무디어져 가는 것만 같았다.

그러던 중, 마산에 있는 어느 S 호텔에서 문학상 시상식이 있었는데, 그 자리에서 평소 지기를 다져온 정신과 전문의를 우연히 만나게 되었다. 내게 언뜻 건네는 말이 많이 야윈 것 같은데 어디 불편한 데가 없느냐기에, 수술을 전후해서 일어났던 일말의 일들을 상세히 얘길 했더니, 진작 자기에게 찾아오지 그랬느냐며 되레 내게 화를 내는 것이었다.

약속대로 그가 있는 병원에 찾아가 전후 얘기를 다시 끄집어냈더니 보름치 약을 손에 쥐어 주었다. 그런데 기적이 일어났다. 처방해 준 그 약을 먹었더니 밤에 잠도 잘 올 뿐 아니라 희한하게도 기분도 완전히 전환되는 것을 몸소 느낄 수 있었다. 하도 이상해서 잘 아는 약사에게 약을 봉지째로 들고 가서 컴퓨터 검색을 했더니, 최근 미국에서 새로 개발된 약으로 장기 복용을 해도 몸에 아무런 이상이 없는 약이라며 환한 웃음을 지으며 귀띔을 해준다. 그 약을 복용한 후로 지금은 몸무게도 2kg이나 늘어났고 건강도 정상으로 돌아온 기분이다.

어쨌거나, 그 지겨웠던 여름은 이제 서서히 자취를 감추고 가을도 보내고 겨울이 찾아왔다. 이제는 잡다한 사념들을 훌훌 털어버리고 단순하게 마음이 움직이는 대로 순리에 따르며, 가끔씩 근교에 있는 산야를 찾아 부지런히 몸을 움직이면서, 남은 인생 멋지게 즐거운 삶을 만들어 나가야겠다고 새삼 다짐해 본다.

인연의 길

 사천군 정동면에 선영이 있었다. 아버지의 손을 잡고 가던 어릴 때의 성묘 길은 잊을 수가 없다. 신작로에서 바라보면 금세 오를 것 같은 야트막한 산인데, 한참을 걸어서야 닿을 수 있는 곳이었다. 마른 먼지가 검정 고무신에 뽀얗게 내려앉아 풀숲에 씻겨 희멀겋게 될 쯤이면, 조부모님의 선영이 거기에 자릴 하고 있었다.

 소가 한가로이 누워 조용히 쉬고 있는 산, 그 이름을 와우산臥牛山이라 부른다 했다. 소라는 짐승은 항시 여유롭고 넉넉함이 있어 바둥대거나 함부로 서둘지 않으면서 묵묵히 제 할 일만을 열심히 해내는 우리 사람들과 가장 절친한 짐승이라고 내게 일러주시던 아버지의 음성이 지금도 생생하다.

 일찍이 선친께서는 뜻이 있어 선영 조금 아래에 가묘를 만들어 놓으셨다. 그런데 유독 나와 즐겨 동행하기를 주저하지 않으신 이유는 여러 가지가 있겠지만 그중 하나를 꼭 꼬집어 말한다면 먼 훗날 내게 그곳을 기억하게 하기 위함이 아니었을까 하는 생각에 머문다.

어린 날들은 가난과 굶주림에 지친 소리들로 저무는 골목이 언제나 시끄러웠다. 먹을 게 없어 궁핍한 생활이었어도 아궁이에서 피어나는 생솔가지의 메케한 내음만큼이나 신랄했던 현실이었다. 우리 집 역시 유독 형제가 많았고 열도 더 되는 식솔이 한집에 기거하던 때이므로 두레상에서의 다툼도 만만치 않았다. 그러면서도 싹트는 형제애였기에 각별한 정으로 지낼 수 있었는지 모른다.

일상은 극히 단조로웠다. 그래서인지 추석 무렵 선산으로 가는 길은 하나의 큰 즐거움이었고, 널따란 사념의 공간이자 삶에 대한 동경으로 발돋움할 수 있는 나만이 느낄 수 있는 시간이었다. 파랗게 펼쳐지는 하늘의 끝점을 주시하면 키가 쑥쑥 자라는 듯한 행복감에 젖기도 하였고, 인기척에 놀라 달아나던 메뚜기들이 얼굴에 부딪칠 때의 감촉은 신바람 나는 시간이었다.

철이 들면서 선영을 찾는 발길이 더욱 잦아졌다. 좌절과 실의를 안겨주는 역경이나 상실감에 휩싸일 때마다 찾아가던 선영이었고, 지금도 혼자 산행을 하면서도 더욱 안온한 마음이 드는 것은 그때부터 길들여진 버릇일지도 모른다.

10여 년 전, 산청군에 위치한 근무지로 옮기게 되었다. 매일같이 넘나들던 출근 길이 아니더라도 그 길은 결코 낯설 수 없었다. 6·25 전쟁이 일어나던 그해 여름, 어떻게 될지 모르는 긴박한 전운을 피해 무작정 피난길에 나서야 했다. 가장 안전하리라 믿었던 기차 터널도 쌕쌕이가 사정없이 퍼붓는 기총소사에 피비린내의 아수라장으로 돌변했고, 완벽히 몸을 숨길 곳을 찾아야만 했다. 하는 수 없이 칠흑같이 어두운 밤 50여 리 황토 길을 걸어 고모 댁을 난생처음으로 찾았다. 산청 땅이었다. 남도가 고향인 고모부는 타고 난 역마살 때문에 자주 집을 비웠는데, 천부적으로 타고난 넉살에다 입심이 걸어 드넓은 중국으로, 만주로, 팔도의 구석진 곳까지 그의 발길이 머물지 않은 곳이 없을 정도였다. 구레나룻이 짙고 특유의 호방한 성격을 구수한 입담으로 쉬임없이 엮어내던 그런 분이었다. 그나마 집에 머무를 때조차 가만히 있지를 못해 낚시로 소일을 하기도 했지만, 농사일이나 가사를 거두는 일에는 별반 도움이 되지는 않은 듯했다. 가끔 주낙으로 잡은 월척이 넘는 잉어를 양손에 들고 한나절이나 되는 먼 길을 걸어 우리 집으로 걸음하시기도 했다. 놀라운 것은 고모의 태도였다. 그런 남편에 대해 불평하거나 원망하는 기색하나 없이 자기에게 주어진 친정 피붙이들을 말없이 거둬들이기만 했다. 고모부도 고모부려니와 무던하고 이해심 많은 고모의 성정은 난리 통의 잔혹함 속에서도 늘 푸근함으로 떠오른다.

   고모가 살던 동네는 선친께서도 한동안 터 잡아 지내신 적이 있었다. 앞으론 조그만 강이 흐르고 산으로 싸여 있던 곳이었다. 작렬하던 8월의 붉은 태양은 사정없이 울어대는 매미의 극성을 더욱 부추기듯 뜨거운 열기를 연신 토해냈다. 한가로이 떠다니는 구름과 바람, 양천강의 고기만이 한가로움을 더할 뿐 전쟁의 상흔이나 포성은 사라진 적막하고 깊은 산골이었다. 길지 않은 그곳에서의 생활은 내 유년의 감성을 뿌리내릴 수 있는 절호의 계기가 아니었나 생각해 본다. 길게 그늘을 드리워 주던 미루나무, 돌담 사이 갖가지 모습으로 매달린 호박, 청초한 자태로 무더위를 식혀 주던 지붕 위의 박 등은 그해 한여름을 정신의 풍요 속으로 나를 이끌던 시골의 전형적인 모습 그것이었다.

30여 년이 지난 뒤 우연한 계기로 부임한 근무지가 동란 중 추억이 서린 곳이기도 하거니와 선친의 고향이나 진배없는 산청군 생비량이었을 때 남모를 감회에 젖기도 했다. 그즈음 사천에 모 항공회사 설립으로 인해 사천 동목에 있는 선영을 옮겨야 할 처지에 놓이게 되었다. 선친의 뜻이 닿은 탓인지, 학교와 지척인 거리에 있는 양택에 선영을 새롭게 마련할 수 있게 되었다. 꽤 넓은 터에 잔디를 깔고 적당한 키의 나무들로 울을 둘렀다. 표석과 행적비를 세우고 석축 쌓은 사이로 영산홍을 빼곡이 심고, 배롱나무와 초화들을 심으면서 무시로 피고 지는 들꽃을 심는 것도 잊지 않았다.

어느 하루 이미 성장한 아들 내외를 데리고 선영을 찾았다. 지난날 선친께서 일러주셨듯 집안의 내력이며 내가 누울 자리까지 일러주니 사뭇 쓸쓸함이 감돌았다. 이렇게 세대의 물림을 하면서 살아들 온 것인데 별안간 약해지는 심기가 당혹스러웠다. 의당, 흙으로 돌아가야 할 목숨이라면 죽음은 삶의 저편에 있는 별개의 곳이 아니라 소중히 가꾸어야 할 정신의 가장 높은 자리라는 사실을 녀석에게 깨우쳐 주고 싶었다.

자연 속에서 많은 것을 익히고 터득해 갈 수 있었던 지난날을 생각해 본다. 궁핍 속에서 더 큰 따뜻함을 키워 나갔던 선친과 내가 누린 시간을 지금은 가질 수 없는 처지이고 보니, 아들녀석의 세대는 가슴을 잃어버린 채 살아갈 수밖에 없을는지도 모른다.

석양이 설핏한 들판을 가로질러 차창에 비칠 즈음, 몸은 이미 바쁜 일상의 귀로에 올라 있었다.

민들레 학교

2

감꽃처럼 화사했던 그녀의 첫 편지

내 작은 뜰에는

망각의 늪, 그 깊은 곳

민들레 학교

사랑, 그 영원한 테마

석창포가 있는 내 사유思惟의 공간

약쟁이 사위

이화의 절정에서

장례 문화

황매산 등반

감꽃처럼 화사했던 그녀의 첫 편지

　화사한 감꽃이 해맑은 미소를 머금고, 푸름이 짙은 그늘을 드리우는 계절의 문턱에서, 내 마음 한구석에 고요가 밀물처럼 가슴 깊숙이 저며올 때쯤이면, 거기 나의 지나온 젊음의 한 구절이 귀를 열고 있는 것이다.
　그해 잔인한 4월의 총성이 오후의 남대문 앞을 가를 때 4·19의 얼룩진 핏자국은 거리마다 흩어지고 있었다. 어디로 가야 될까? 어떻게 해야 되는 것일까? 노도와 같은 함성과 울부짖음으로 서울역 광장은 아수라장으로 돌변하고 말았다.
　나는 출렁이는 군중들 틈에 섞이어 자유를 찾으려는 모든 사람들의 번쩍이는 눈빛에 온몸이 달아오르고 있었다. 시민들은 총소리에 몸을 피하며 골목으로 숨거나 흩어져 갔고, 앞으로 전진하는 젊은이들은 힘없이 쓰러져 가고 있었다. 잠시 정적이 흐른 후, 혼비백산된 거리 복판에 쓰러져 있는 여학생 하나, 나는 숨죽인 골목 어귀에서 쏜살같이 뛰어나갔다. 총성은 다시 퍼붓기 시작했고, 군중들은 우선 몸을 피하는 중에 나는 내 자신도 모르게 달려나간 것이다. 무조건 그를 둘러업고 당시의 세브란스 병원 쪽으로 달렸다.

  이미 의식을 잃은 그는 나의 등에서 늘어져 버렸고, 나는 200m도 못 가서 지쳐 쓰러지고 말았다. 다시 업고 다시 뛰면서 제발 이 여학생이 죽지 않기만을 기도한 것은, 바로 내 목숨의 소중함 때문이었을까? 그렇지 않으면 자유의 갈증이었을까?

  천신만고 끝에 병원에 다다랐을 땐, 이미 계엄군이 진주하여 바리케이드로 앞을 가로막고 있었다. 그래도 그들은 다행히 환자임을 확인하고 길을 터주었다. 우선 급한 대로 병실에 뉘어 놓고 간호사의 치료를 받을 때, 나의 온몸은 땀으로 젖고 피로 얼룩져 있었다. 다행히도 바른쪽 발뒤꿈치의 총상이어서 중태는 아닌 듯싶었다.

  나의 긴 한숨은 안도 그것이었고, 가슴속엔 기쁨이 넘나들었다. 잠시 후 간호사는 어찌 알아냈는지, 그녀의 주소와 이름이 적힌 쪽지를 건네 주곤, 지금 중상자들이 밀려들고 있으니, 가능한 집을 찾아주라는 것이 아닌가? 그녀를 둘러업고 쫓기다시피 현관으로 나와, 그녀의 주소가 종로구 옥인동으로 중앙청 근처라는 것을 알았을 땐, 나의 발길은 꽁꽁 묶여버리고 말았다.

  당시의 사태에선 그곳까지 간다는 건 생각도 할 수 없었기 때문이다.

  망설이던 중에 앰뷸런스 한 대가 현관 앞에 멎었다. 나는 재빨리 협조를 구했더니 안전한 곳으로 이송해 준다고 했다. 그녀를 차에 싣고 내려오는데 의식을 잃었던 그녀가 갑자기 나의 옷자락에 매달리며 나의 신분을 묻는 게 아닌가? 왜 그때 나는 퉁명스럽게 알 필요가 없다고 했었는지? 어디론가 앰뷸런스는 떠나고 나는 그 밤을 병원의 잔디밭에서 꼬박 새우며 발이 묶였다.

  제발이지 안전한 곳에서 건강을 찾았으면…….

  하숙방에 돌아온 그날부터 난 궁금해서 견딜 수가 없었다. 데모에 참가한 학생들이 그 밤에 마구 잡혀 갔다는 소식도 불안했거니와, 어디론가 실려간 그녀의 건강이 안타깝기만 했다.

  며칠이 지나고 잊었던 그녀의 주소를 다시 찾아냈을 때, 그 기쁨은 오묘한 떨림의 두근댐뿐이었다. 안부를 묻는 나의 글이 띄워지고 하루, 이틀 나의 초조한 기다림은 드디어 라일락 향기 속에 번져 들었다. 정성을 다해 쓴 봉투를 들고 숨이 막히는 듯한 긴장감으로 설레며 뜯은 회신—.

> 밤은 깊어가고, 총소리는 여전히 들리고, 잠은 오지 않고 귀하의 주소와 성함을 몰라서 어떻게나 근심이 되었는지 모릅니다.
> 그러나 이제는 우리 모두의 평화를 찾았습니다.
> 귀하의 은혜를 무엇으로 보답해야 할지, 제가 발의 상처가 회복되는 대로 한 번 만나 뵈옵고, 그간 있었던 일을 상세히 들려 달라

고 부탁드리고 싶습니다.

그때, 나는 이 편지를 받고 그녀가 안전하게 집에서 치료받고 있다는 것 하나만으로, 평온한 행복을 만끽할 수 있었다. 그것은 바로 그녀와 내가 쟁취한 자유였기 때문이다.

이제 40여 년도 더 지난 글이지만 지금도 내 머릿속 기억의 한 빗장을 지르고 있는 감꽃처럼 화사했던 그녀의 첫 편지는 내 젊음의 별빛처럼 빛나 해맑은 미소가 되어 이 밤도 가슴을 저미게 한다.

내 작은 뜰에는

 아침잠에서 깨어나 베란다 창문을 열어젖히면 내 하루의 문은 이때부터 서서히 열리기 시작한다.
 밤이슬을 머금은 초록의 잎새들, 그 푸른 잎새 사이로 터질 듯한 꽃망울, 아직은 애숭이 티를 벗어나지 못했지만 애기 사과며 모과와 명자 열매들이 그 특유의 생김새로 내 앞에 다가선다.
 상기된 두 볼에 부끄러움을 감추지 못하는 홍단풍, 요염한 자태로 내 시야를 흐리게 하는 장미, 체통에 걸맞지 않게 심통한 표정으로 얄밉게 토라진 진백, 굳게 입을 다물고 장승처럼 우뚝 선 소사, 터질 것 같은 풍만한 가슴으로 온갖 교태를 부리는 영산홍, 푸른 장막을 두른 내실에서 분홍빛 화관을 머리에 이고 살포시 얼굴을 내미는 홍자단, 지난겨울 그 매서웠던 추위에도 끄떡하지 않고 마냥 화사한 웃음만을 던져주던 영춘화, 투박한 몸짓 속에 순백의 고고함을 깊이 간직했다가 활짝 웃음 지으며 향훈을 풍기던 백매, 의젓한 기품에 군자다운 풍모를 잃지 않는 흑송, 거기에 뒤질세라 우뚝이 뽐내며 곁눈질하고 서 있는 노간주나무, 밤새워 마신 술이 덜 깬 듯 나른한 모습으로 마취목이 그 옆에 자릴 잡고 있다.

가장자리 여기저기에 흩어져 또 하나의 숨결을 틔우고 있는 식솔, 순백의 청초함을 간직한 마거리트, 마음속 깊이에 모든 걸 감추고 수줍은 얼굴로 정열을 토해내는 버베나, 사계를 가리지 않고 흰색, 연한 복숭아, 등적색, 진한 빨강으로 곱게 치장한 제라늄, 오색으로 수놓은 프리뮬러, 언제나 환한 미소로 포근히 감싸주는 선홍색의 꽃 베고니아, 저마다의 품성과 관능을 자랑하듯 다투어 피고 지는 센인트폴리아, 하늘에 매달려 간절한 소망을 갈구하는 네프로레피스, 진초록 물을 흠뻑 머금고 주황의 향연을 베푸는 금련화, 우아한 몸매에 아름다운 손짓으로 시선을 모으는 아디안틈, 두고 온 남국의 정취를 애타게 갈망하다 지쳤음인지 길게 목을 늘어뜨린 켄차야자, 늘어진 가지 끝마다 소담스런 꿈을 안고 후덕한 자태를 뽐내는 벤자민 고무나무.

또 다른 한편으로 눈을 돌리면 흐를 듯 넘치는 잎의 곡선, 코끝을 스치고 지나가는 청향, 청초하고 숭고한 아름다움을 간직한 난蘭이 있음에…….

단정하게 단장한 여인네의 맵시처럼 감히 범할 수 없는 기품을 지닌 대부귀大富貴, 맑고 그윽한 품격으로 신비하고 단아한 경지를 느끼게 하는 소심素心, 청정무구한 자태와 고고한 심성을 지닌 춘일품春一品, 청아한 자태로 오똑이 맵시를 자랑하는 일품逸品, 지난겨울 차가운 바람을 가르고 당당한 위세로 꿋꿋하게 피어나던 한란寒蘭, 영감마저 일게 하는 고고한 자태를 간직한 보세報歲, 우아한 잎새 그윽한 방향을 풍기는 양씨소楊氏素와 옥매소玉梅素, 선명한 무늬가 잠든 영혼을 일깨우는 윤파輪波와 정관靜觀, 나지막한 목소리로 정답게 이야기하는 듯한 사란絲蘭, 단정하고 아담한 품격 고상한 매력을 풍기는 송매宋梅, 큰 물결을 연상게 하는 독특한 곡선미를 지닌 서신매西神梅, 늠름한 자태에 강건한 성품을 지닌 건란建蘭, 청초한 품위와 고아한 멋을 지닌 금오소金墺素, 사대부 적 기질 너머 어렴풋이 엿보이는 여성적 순결미가 조화를 이룬 소접笑蝶.

　이들을 바라보는 시간이야말로 적어도 나에게 있어선 온갖 오욕칠정을 물리치고 가장 순수한 자아를 발견할 수 있는 시간인 것이다.

　사람 속에 부대끼다 황망한 마음으로 돌아왔을 때, 거나하게 취해 들어온 밤늦은 시간이나 번민에 싸여 있을 때, 어쩌다 심한 몸살이라도 앓거나 한곳에 안주安住하지 못하고 방황할 때, 나는 이들과 벽이 없는 공간에서 밀어를 나누며 정일靜逸과 평온平穩을 느끼는 것이다.

　제일 큰놈이 서른 살쯤 되었을까. 아래로 이제 막 돌이 지난 한 살 배기도 있다.

지난여름 내자와 함께 일본 나들이를 앞두고 물 주는 요령을 큰딸에게 세세히 일러준 일이 있었다. 요것은 하루에 두 번 이놈은 한 번, 저놈은 사흘에 약간씩…….

열흘 남짓 머무는 동안 늘 가까이에서 마주 대하던 내 작은 뜰에, 올망졸망 꿈을 키워가는 그들 때문에 한시도 마음을 놓을 수가 없었다. 돌아와 보니 어린 몇 놈이 새들새들 앓고 있었다. 손써 볼 틈도 없이 종내 생을 마감하고 말았다. 그들을 떠나보낸 허망함, 그리고 자책감으로 인해 정좌靜坐할 수 없는 마음은 한동안 끝없는 방황만이 계속되기도 했다.

자연에 따르는 순리를 터득할 줄 알고, 받은 것에 대한 은혜에 보답할 줄 아는 나의 식솔食率들. 좁디좁은 내 작은 베란다 공간의 뜰 안이지만 저마다의 품성을 착실히 지키고, 하늘의 뜻에 따라 살아가는 묘방을 그들은 잘 알고 있다.

나를 위해 남을 해치는 역리를 모르며, 사소한 일에 집착하지도, 하찮은 일에 곧잘 흥분하지 않는 그들을 대하노라면, 우리네 인간사가 얼마나 부질없는 일인가를 새삼 깨닫게 된다.

오늘도 나는 그들의 의연한 성품에서 많은 것을 터득하고 생각한다. 항시 그들과 함께 있는 한 나는 결코, 외톨박이가 아니라는 걸 느끼며 오늘을 살아가고 있다.

망각의 늪, 그 깊은 곳

내가 초등학교에 입학할 무렵은 2차 세계대전이 막바지에 달했던 1944년이었다. 초등학교에 입학하던 날, 난생처음 어머니 손에 끌려 3km나 떨어진 꽤나 먼 곳에 있는 학교까지 바깥나들이를 하게 됐다. 널따란 학교운동장에 발을 들여놓았을 땐, 사방에서 벚꽃이 분분히 흩날리고 운무가 잔득 끼어 있었는데 지금 생각해보니 4월경이었나 보다. 당시 초등학교에 들어가려면 일본어로 주고받는 구술시험을 치러 합격을 해야만 비로소 입학이 허용되던 때였다.

비상 전시체제 하에 있던 때라 학교에 근무하는 교직원들 역시 예외는 아니어서 전투복과 전투모 그리고 긴 칼을 허리에 차고, 동그란 검은 안경테 너머로 나를 쏘아보던 교직원들의 눈초리며, 군화에 각반까지 하고 앉아 있던 선생님들의 모습은 두렵고 무섭기만 했다. 무슨 말을 주고받았는지 정확히 기억은 나지 않지만 일본어로 막연히 "하이! 하이!……"라고 답했던 것 같은데 어쨌거나 합격이 되었다.

평소 집에서는 우리말을 학교에 가서는 일본말을 써야만 했기에, 실은 어린 나이에도 심한 이중고를 겪어야만 했다. 어쩌다 학교에서 우리말을 쓰다 발각되는 날이면 회초리로 종아리가 부르트고 피멍이 들도록 맞기도 했고, 겨울에도 반바지 차림으로 물이 가득 찬 물통을 머리에 인 채 쭈그려 앉아 벌을 받기도 했고, 때로는 일주일 내내 벌 청소를 하기도 했다.

2학년이 되어 비로소 해방을 맞이하게 됐다. 당시에는 물자도 궁핍했고 사회 질서도 혼란했을 뿐 아니라, 교육현장이 안고 있는 문제점도 헤아릴 수 없을 정도로 많았겠지만, 우선 우리말과 우리글을 마음대로 할 수 있고, 쓸 수 있다는 것만으로 얼마나 고맙고 다행스러운 일인지를 몸소 느낄 수 있었다.

사랑의 품속에서만 아름다움은 꽃으로 핀다고 했다. 아름다움이 우리의 마음속에 언제나 가까이 있기 때문에 우리의 감각에 와 닿지 못하는 것일까. 예사로이 생각했기 때문에 얼마나 많은 아름다움을 우리는 소홀히 흘려버렸던가. 흔한 것이었기 때문에 본질적이고 고유한 것마저 얼마나 능멸의 대상으로 치부해야만 했던가.

지금의 교육현장은 어떤가. '학교는 있어도 진정한 교육은 없으며, 직업인으로서 교사는 있지만 진정한 의미에서의 스승은 없다.'는 서글픈 현상이 우리 교육계의 실상이 되어버린 오늘, 때가 되어야 안다는 옛말의 뜻이 요즘에 와서 부쩍 가슴에 와 닿는다. 회초리와 벌, 엄격한 시선, 자꾸만 되풀이되는 일상의 연속으로 얼마나 많은 것을 상실하고 있었는가. 개성도 창의력도, 발표력이나 지구력마저 무참히 꺾인 채 비정하고, 냉혹하고, 멍청하고, 소극적인 행동만을 얼마나 강요당했던가. 이러한 학창 시절을 경험한 사람이라면 누구나 몇 분의 잊지 못할 선생님에 대한 기억을 마음속에 간직하고 있을 것이다.

나에겐 잊지 못할 선생님 한 분이 계신다.

일제가 물러가고, 해방 후의 혼란기에 밀어닥친 가난은 모두가 먹고사는 일에 매달리게 만들었고, 교육은 언제나 뒷전으로 물러나게 마련이었다. 각박했던 그 시절에 선생님께서는 6학년 때 나의 담임을 맡으셨다. 당시는 상급학교에 진학하는 학생은 한 반에 네댓 명 정도로 극소수였다. 진학을 포기하는 아이들 가운데 운이 좋으면 목공소나 철공소 아니면 이발소 같은 곳에 들어가 밥벌이를 하기도 했고, 더러는 공장에 가서 기술을 배우는가 하면, 동사무소나 관공서에 급사라는 이름으로 일자리를 얻기도 했다.

그런데 선생님께서는 진학하는 아이들을 별도로 교실에 모아, 꼭 이른 새벽이면 어김없이 나오셔서 비봉산 꼭대기에 달이 걸리고 밤이슬이 촉촉이 내릴 때까지 언제나 우리들과 시간을 함께 보내시곤 했다. 해가 지고 세상은 칠흑같이 어두운 밤으로 돌변해도 제자 사랑하는 선생님의 훈훈한 입김은 철부지 우리들의 등

붙인 동시에 한 그루의 느티나무 같은 역할을 해주신 것이었다.

그때 선생님께서는 어느 날 나를 조용히 부르시더니 "너는 성격상으로 장래에 학교 선생님이 되었으면 꼭 어울리겠다."고 말씀하시던 그 말이 평생 나를 교단에 서 있게 하셨으니 그 감화야말로 해서 무엇하랴!

밤늦은 시간 희미한 등잔불 아래에서도 카랑카랑한 음성으로 감동을 심어 주셨고, 어쩌다 선생님의 질문에 선뜻 답을 못하면 차분하게 따지던 선생님의 목소리는 잠자는 우리들의 영혼마저 흔들어 깨워 주는 듯했다.

하지만 지금의 교육현장은 어떠한가. 공교육에 대한 불신은 해가 갈수록 높아만 가고 학생과 학부모의 신뢰를 높일 궁리에만 여념이 없어 보인다. 존경받아야 할 선생님의 권위도 예전 같질 못하다. 사교육의 광풍에 공교육이 황폐화되고 교사의 권위마저 바닥으로 떨어진 지 오래인 현실에서, 세상이 물질만능주의로 전락하면서 참교육의 의미가 날로 퇴색해 가고 있는 안타까운 현실을 생각해 보니 격세지감마저 든다.

교편敎鞭이란 잘못된 제자들을 바로잡아주기 위해 필요한 사랑의 매를 말한다. 요즘에 들어 교육계에서 체벌이 없어져야 한다는 주장이 많지만, 제자들에게 깨우침을 주기 위해서 사랑의 매는 반드시 필요하다고 생각된다. 그러나 인성이 제대로 되어 있지 못한 일부 교사들이 학생들에게 사랑의 매가 아닌 과도한 폭력을 휘둘러 문제가 되고 있는 것도 사실이다.

가르침이란 지식 전달도 중요하겠지만 깨달음까지 주어야 한다. 자기가 알고 있는 지식을 누구에게 알려주었다고 대단한 것을 가르쳐준 것처럼 착각하는 교육자가 있다면 이는 크게 착각하고 있는 것이다.

자기에게 사랑을 베풀어주고 깨우침을 준 사람에게만 은사님이란 존칭은 붙여줄 수 있고 그 존칭은 한시적인 것이 아니고 영원한 것이다. 하지만 교육의 일각에서는 신뢰받는 교육을 위해 심혈을 기울이는 모습들도 얼마든지 볼 수 있다. 이러한 움직임에도 불구하고 끊임없이 들려오는 일부 학부모들의 교사에 대한 불신은 말할 것도 없고, 심지어 폭행과 폭언 같은 교권침해 현실은 혼신의 힘을 쏟으며 새 희망에 기대를 걸고 오직 교육에만 매진하고 있는 선생님들의 의지에 찬물을 끼얹는 느낌이 드는 것은 비단 나 혼자만의 생각일까.

옛말에 자식을 낳아봐야 부모의 심정을 안다더니, 40여 년간 머물던 교직을 떠나온 지금, 지난 시간을 돌이켜보니, 철없던 그때 그 시절 선생님께서 베풀어주신 그것이야말로 참교육이고 참스승의 도리라는 것을 이제 와서 새삼 깨닫는다.

그 옛날을 돌이켜본다. 모두가 호구지책에 매달려 있을 때 교육은 자연 학교의 몫이었다. 자식을 완전히 학교에 맡겨 놓았으니 선생님은 그만큼 책임감이 강했고 학부모 또한 저절로 선생님이 존경스러울 수밖에 없었다. 교육이 병들면 나라 꼴이 어떻게 될 것인지 불을 보듯 뻔한 일이다.

오래전 그때의 제자들이 꼭 한 번 선생님을 모신 조촐한 자리에서 '몽당연필 붓 대롱에 끼워 쓰고, 기계독 오른 까까머리 쓰다듬어 주시던 선생님의 따스했던 그 손길…….' 그 자리에 참석했던 모두가 울음바다가 됐던 적이 있다.

　20여 년 전 경기도 수도권 지역 초등학교에서 평생을 머물다가 학교장으로 교직을 떠나시던 어느 여름 날, 이곳에서 동기들 몇이 뜻을 모아 애틋한 마음과 고마움을 전해 드리고 온 적이 있다. 돌이켜보니 선생님께서 이제 구순을 바라보고 계신 듯한데, 지금의 거취가 무척 궁금하기만 하다.

　다가오는 스승의 날에는, 수소문해서라도 찾아뵈옵고 그동안 소원했던 마음도 추스르고 선생님의 근황도 여쭐 겸 문안이라도 드리고 와야겠다는 생각이 든다.

　헤아려 보니 말없이 흐른 숱한 시간들 사이로, 망각의 늪 그 깊은 곳에서 깊이 움츠리고만 있던 생각들이 하나둘 고개를 치켜들고, 마음은 빈 공간 저 너머에서 자꾸만 서성대고 있다.

민들레 학교

 물어물어 찾아나선 길, 계곡을 따라 차를 몰고 가다 보니 구불구불한 길이 가도가도 끝이 없다. 가파른 산길, 그 모퉁이를 돌아서면 또 새 길이 나타나고, 연이어 낯선 길이 나타나기를 몇 차례나 거듭한 끝에, 민들레 학교가 있는 경남 산청군 신안면 갈전리에 도착할 수 있었다.
 숨을 몰아쉬며 산 아래를 굽어본다. 끊어질 듯 이어진 산맥들과 뻗어나간 산과 산, 그 가장자리를 비집고 조용히 누워 있는 다랑논이 보인다. 그리고 그 논 위에 바쁘게 움직이는 농부들의 몸놀림이 한창이다.
 입구에 '민들레 학교'라는 조그마한 표지판이 보인다. 안으로 들어섰다. 여정에 지친 나그네의 마음을 위무해 주는 듯 노오란 민들레가 사방에 지천으로 깔려 있다. 평평한 곳에 흙으로 지붕을 이은 집들이 한가로이 누워 있다. 미리 연락을 받고 아이들과 교직원들이 마중을 나왔다. 그들의 정겨운 미소가 반갑고 싱그럽기만 하다.

이태 전에 문을 연 이곳은 중등교육과정으로 3학년 3학기제로 운영하고 있는 대안학교이다. 전교생이라야 1, 2학년 합쳐 모두 28명, 가끔 외래 강사를 초빙하여 특강도 하고 있으나, 직원 5명이 전부인 이 학교는 노작활동을 통해 생산적인 삶을 갈구하고 있는 공동체 학습의 장인 것이다.

달포 전, 특강 요청을 받았을 때, 집 떠난 10대의 사춘기, 감수성이 예민하고 한창 성장기에 있는 아이들 앞에서의 강의라 그런지 어떤 말을 해야 할지, 조바심의 끈을 놓을 수가 없었다. 어떤 내용으로 그들의 의지를 살려내고 미래를 내다보는 희망적인 내용으로 강의할 수 있을 것인가를 두고, 내심 은근히 걱정하며, 교실 문을 들어섰다. 그러나 그것은 한낱 기우에 불과하다는 사실을 이내 깨달을 수 있었다. 소망으로 가득 찬 분위기, 하나같이 초롱초롱한 눈망울, 흐트러지지 않은 몸가짐이 그 속에 조용히 스며들고 있음을 금세 알 수 있었다.

도시라는 큰 하늘을 버리고 산촌이라는 우물 속으로 들어가, 자연과 더불어 살아가려는 그들과 그들이 딛고 있는 땅을 보았다. 허허로운 그 땅, 그 언저리에서 다시 세상을 터득한 그들의 표정은 너무나 진지했고 더없이 맑아만 보였다. 마치 민들레가 땅속 깊이 뿌리를 내려, 한풍 몰아치는 기나긴 겨울을 지나, 봄날의 향훈을 피워내고 끈질긴 생명력을 과시하는 것처럼……

이 학교의 교육과정은 오전 시간은 주로 깨달음을 위한 과정으로, 매사에 자신감과 책임감 있는 사람으로 성장하는 방향으로 편성하고, 오후 시간은 노작활동을 위한 과정으로 나눔과 배려를 배우는 방향으로 편성해 놓고 있는데, 자아성찰과 자립에의 의지 때문인지 눈망울 또한 의욕에 가득 차 있는 듯했다.

이러한 공동체 학습을 통해 서로 가르치고 서로 배워주며, 가난하고 소외된 계층과 어우러져 미래를 꿈꾸며, 흙과 나무를 다루고 돌과 물을, 쇠와 기계를 다루는 과정에서 자립적인 기반을 차근차근 닦아 나가려는 그들을 통해, 사람 살아가는 길이 예사롭지 않음을 새삼 깨닫는다. 그들은 건강과 병에 대한 기본적인 원리를 터득하고 텃밭 가꾸기와 양계를 통해 스스로 살아가는 이치도 함께 깨닫고 있었다.

대지를 흠뻑 적신 밤이슬은 오로지 바람과 햇볕만이 말릴 수 있듯이, 마음을 밝게 다듬어 하나의 공동체 생활을 통해, 사랑을 갈구하는 마음을 느끼게 하는 이 터전이야말로 이 시대를 살아가는 진정한 여유로움을 누리는 배움의 장이 될 수 있지 않을까를 생각해 본다.

콩나물을 키워내기 위해 햇볕을 차단한 채, 계속 물을 주어도 밑 빠진 독에 물을 붓듯이 흘러내리기 때문에, 어느 세월에 자랄까 생각되지만 잠깐 사이에 부쩍 자라나는 것을 볼 수가 있다.

귀로에 소중했던 시간들을 뒤로하고 돌아오는 내내 생각은 한

곳에 머물렀다. 그들의 삶은 땅에 기초를 두고 공동체 생활을 통해, 주어진 현실을 받아들이면서 진정한 여유로움이 무엇인지를 스스로 깨달으며, 그 속에 생산적인 삶을 갈구하고 있었던 것이다.

어쩌면 민들레 홀씨가 어느 봄날, 여린 생명력을 보듬으며 낯선 계곡 골짜기를 훨훨 날아, 남몰래 땅속 깊이 자리를 잡고 그 끈질긴 생명을 과시하는 것처럼, 현실의 한모퉁이에서 세파에 흔들리지 않고 신념을 잃지 않는 민들레 같은 교육으로 꿋꿋하게, 푸른 생명력으로 싱그럽게 자라날 것이다.

그리고 또한 민들레 홀씨 같은 생명력을 대지에 전파할 것이다. 그곳에선 그들의 꿈처럼, 그들의 눈은 하나같이 사랑과 환희 그리고 생동감으로 넘쳐나고 있었다.

사랑, 그 영원한 테마

 삶이란, 여실히 다른 궤도를 달리는 사람들의 천차만별한 모습이 한껏 이질적인 듯하면서도 결국은 하나의 무늬를 띠는 엇비슷한 경험의 산물일지도 모른다
 삼청동 교육행정연수원에서 연수를 받을 때의 일이다. 비합숙인데도 빡빡한 일정으로 청진동 근처에 하숙을 정하고 매식으로 끼니를 해결해야만 했다. 근 달포를 넘겨야 하는 프로그램은 육체적 소모도 컸거니와 지리멸렬한 형색을 갖추고 나의 의욕을 한층 상실케 하는 권태를 극복하는 일은 결코 쉬운 일이 아니었다. 더욱이 날씨마저 변덕스러워 찬 기류를 살기처럼 흩뿌리는 기온이라 객고의 스산스러움은 극에 달해 존재의 고독감이 뼛속까지 후려치는 듯한 시간이었다.
 그날도 구두바닥이 쩍쩍 달라붙을 정도의 빙판길은 행인들을

귀갓길로 종종거리게 했고, 잔뜩 움츠려든 객인의 서글픔은 한 잔 술로 위로받고 싶은 음울한 날씨였다. 인근 골목에 있는 중국집으로 향했다. 불꽃으로 타오르는 따뜻한 석유난로가 제법 성숙한 모습으로 자릴 하고 있는 실내엔 훈훈한 인정이 서려 있었다. 좀체 혼자 식당을 찾지 않는 나의 객쩍음을 충분히 위무해 주는 그런 분위기가 안온했다. 간단한 안주와 대륙의 토질에서 빚어 만든 독한 술도 시켰다. 괜스레 취하고 싶은 그런 날이었다.

 젖빛 잔에 담긴 증류수 같은 술을 바라보며 무연한 상념으로 미끄러져드는 내 귓전에 노인네 특유의 쇠된 음성들이 산발적으로 튀어 들었다. 소란스럽기까지 한 소리들로 우정 솟구치는 짜증을 억지로 감추어야 했을 정도였다. 그러나 어느 순간 무심히 마주친 칠순 노인들의 순수한 눈빛들이 결코 분별없는 허수룩함이 아니라 나이에 알맞은 교양까지 겸비한 듯 깨끗함으로 내 앞에 다가서는 것이었다. 젊은 시절, 제법 자기 위치에서 사람들을 부려본 관료의 냄새도 풍겼고 드문드문 들려오는 얘기는 나의 부질없던 상념마저 거두어들이더니 차츰 나를 그들 속으로 끼어들게 하는 것이었다.

 그들 셋 모두에게는 연인이 있었다. 순애라는 이름을 가진 아리따운 소녀가 그네들이 입 모아 화제를 모으는 주인공이었다. 우리가 가난하고 추웠던 시절, 아버지 대에서 바람직한 여성상이라면 오직 순하고 고운 심덕만을 미의 가치로 삼고 남성 본위의 생활구조에 기여하기를 바라는 뜻이 담긴 그런 이름, 그 의미만큼 진부한 남녀의 놀음이겠거니 했지만 사연은 꽤 진지했다. 처녀, 순애는 그들과 한동네에 살았던 것이었다.

한 여자를 사이에 둔 그들의 연정은 은근하면서도 때때로 틈을 빌려 달구어진 가슴을 털어놓을 정도의 공인된 막역함이기도 했다. 남성다운 자부심으로 마음 마음마다 혼자만이 특별한 것으로 간주하긴 했어도 우정을 손상시킬 만큼 치졸한 감정 다툼이나 연적으로서는 아니었다. 세 노인 모두가 한결같이 그 첫사랑의 순결함이 여태껏 세월의 풍상에도 바래어지지 않을 자기만의 꽃으로 그녀를 대할 수 있다는 사실에 담담해질 수 없는 내 마음엔 파문이 일었다.

"야, 너는 맨날 순애 꽁무니만 쫓아다녔지 눈 한 번 제대로 맞춘 적 있냐?"

"임마, 너희들은 모르지, 나 말이야 순애를 불러냈지 방천둑에서 손목 잡고 한참을 거닐었지, 참 호젓하고 좋았어."

"짜아식, 거짓말 마라, 내가 토요일 우리 집으로 내려올 때면 꼭 순애가 마중 나와 서 있었다는 거. 집으로 오는 길에서 어떤 일이 있었는지 모르지?"

이렇게 이야기는 무르익어 희끗희끗한 그들의 얼굴엔 홍안의 미소년 같은 청순함이 잔잔하게 번지는 듯했다.

바깥은 사나운 바람이 거리를 호되게 나무라듯 할퀴는 것 같았지만 그 밤 가야 할 시간도, 기다리는 이도 없는 나그네 마음은 그 언저리에서 자꾸만 맴도는 그런 속앓이였다. 어색한 침묵이 잠시 흘렀다.

　견디다 못한 나는 자못 궁금한 그 순애의 소식을 기어코 물었다. 그러나 이내 돌이킬 수 없는 낭패감에 휩싸이기를, 불혹을 넘기지 못한 그녀는 지병으로 세상을 떠났고 그들의 가슴에 묻어둔 한 여인을 잊지 못하는 그들의 순정이 참으로 고귀해 보였다. 죽음이 남아 있는 인간에게 베풀어주는 의미는 떠난 이의 어떤 추한 기억도 상쇄시켜 주는 것에 있을 것이다.

　인생을 한창 음미할 나이에 죽음을 맞이해야만 했던 순애의 운명은 극히 한스러웠겠지만, 죽음으로써 그들의 가슴에 아로새겨진 영원한 모나리자가 되었다는 사실은 어쩜 그녀만의 행운을 거머쥔 것인지도 모른다.

　사랑, 사랑이야말로 우리들이 가진 가장 소중하고 값진 테마일 거라는 혼잣소리에 우리 시대의 로맨스 순애의 이미지가 떠나지를 않는다.

석창포가 있는 내 사유思惟의 공간

 오래전 산행에서의 일이다. 산기슭 개울가를 지나는데 스치는 바람결에 독특한 미향이 풍겨와 거기서 한참을 머뭇거린 적이 있다. 사방을 두리번거리다 보니 나직이 흐르는 개울가에 질펀히 깔린 석창포를 발견하고, 오랜 시간 자리를 뜰 줄 모르고 그 자리에서 서성댄 적이 있다. 고개를 숙여 자세히 살펴보니, 바위 틈새를 비집고 뿌리를 내린 채, 몸통을 내민 줄기는 널따란 공간을 독차지하고는 누가 범접이라도 할까 봐, 칼처럼 생긴 잎을 간간이 이는 바람에 나풀거리고 있었다. 잎을 하나 떼어 보니 톡 쏘는 독특한 향이 코끝에 진하게 와 닿는다.
 석창포는 천남성과에 딸린 여러해살이 풀로서, 연못가의 습지나 개울가, 특히 산골짜기의 물살이 센 바위틈에서 잘 자라며, 생명력이 강하여 여간해서는 잘 죽지 않는 강한 생명력을 지니고 있다. 심지어 뿌리째 뽑아서 두 달쯤 햇볕에 말렸다가 다시 심어도 되살아나고, 만상이 시들고 깊은 잠에 빠져 있는 엄동설한의 눈 속에서도 푸름을 마음껏 뽐내며 따뜻하게 살아 숨 쉬는 강인함이 몸에 스며 있다.

내가 거처하고 있는 거실 양지쪽 책상 위에는 잎이 성냥개비 정도 크기의 개량된 미니 석창포 화분이 한 개 놓여 있다. 이 석창포는 창원에 살고 있는 지인 집에 들렀다가 내 손에 들어오게 됐다. 애호박 크기의 제주 용암석에 걸터앉은 모습이 마치 로댕의 「생각하는 사람」처럼, 내가 느끼는 모든 감정을 하나하나 세심하게 새겨 넣고자 노력하는 것 같기도 하고, 때로는 세상을 달관한 것 같은 여유로움으로 정중동의 자세를 취하고 있는 것 같기도 하다.

어디 그뿐인가, 수반에 물을 가득 채워 그 안에 앉혀 놓았는데도, 불평이나 싫은 내색 한 번 하지 않고 언제나 침잠하는 자세로 가만히 앉아 있다. 말없이 조신하며 앉아 있는 그런 그의 자태에서 나는 새삼 사람 살아가는 이치를 깨달으며 속내를 드러낼 줄 모르는 그는 내 영혼까지 흔들어 깨우기도 한다.

흙도 없는 돌 위에 알몸으로 내려앉아, 마치 그곳이 내 땅인 양 뿌리를 내리고 흐트러짐 없이 바른 몸가짐으로 침묵으로 일관하는 그 힘은 대체 어디서 나오는 걸까. 주어진 자리에 쉬이 안주할 줄 모르고 언제나 서성대며 온갖 욕망으로 가득 찬 나를 그는 새삼 일깨우고 있는 것이다.

십수 년을 함께 지내다 보니 그새 정이 들었는지 이제는 한시도 눈을 뗄 수 없는 처지가 되고 말았다. 세월의 흔적 탓인지 지금은 이 석창포 주위에 어디서 무슨 일로 날아왔는지 깊은 산속, 계곡에서나 볼 수 있는 비단이끼가 공생하고 있는가 하면, 갖가지 산고사리 종류의 포자식물도 식솔처럼 함께 거느리며 어울려 살아가는 여유까지도 지니고 있어 포용력과 함께 안온함마저 감돈다.

날카로운 잎을 가진 것 같지만 유연성이 있어 남을 함부로 해친다거나, 타인에게 기대며 응석을 부린다거나 누를 끼치지도 않으며, 오직 한길로 주어진 길을 순순히 받아들이며 주위의 모든 것들을 감싸안으며 제 것으로 만드는 일에만 골몰하고 있는 것 같다. 잎에는 석창포만이 지닌 미향이 있어 품격 높은 자태와 고운 미소까지 번져 나오기도 한다. 그런가 하면 사철 푸른 잎은 시세에 영합하여 변절을 거듭하는 그런 초화류와는 판이한 석창포만이 지니고 있는 꿋꿋한 기상과 넉넉한 품성도 엿볼 수 있어, 내가 그를 흠모하며 따르는 것은 어쩌면 지극히 당연한 일인지도 모른다.

이런 시간 속에서 지내다 보니, 어느새 나의 창작은 항시 석창포가 있는 곳에서만 이루어지게 된다. 그것은 이기적인 공간이 아니라, 세사에 찌든 내 마음을 깨끗이 정화시켜 주기도 하고 때로는 살며시 내 곁으로 다가와 지친 심신을 위무해 주면서 흐트러진 사념들을 한곳으로 정돈시켜 창작의 열기를 더해 주기도 한다.

하지만 가끔 일관된 생활에서 일탈하고 싶을 때는 밖으로 나가 사람들을 만나기도 하고, 차를 몰고 차창 밖으로 펼쳐진 갖가지 사물에서 생각을 다듬어 보기도 하며, 산을 오르면서 자연과의 교감 속에서 또 다른 의미를 찾기도 한다. 또한 꽃과 나무를 돌보는 일상에서 평정을 되찾을 때도 있지만, 글의 마무리는 언제나 석창포와 함께여야만 내가 원하는 결말에 도달할 수 있다.

지금 내 곁에 말없이 얼굴을 마주하고 있는 석창포를 다시 바라본다. 사계의 변화에도 흔들림 없이 침잠하는 자세로 스스로를 낮추려는 겸허함, 내면의 세계를 감싸안으며 모든 것을 용서하고 포용하는 힘, 심적 나상이 빈곤해서 허공을 맴돌 때 새로운 활력을 불어넣어주는 용기와 희망을 주고 있다. 사람 살아가는 일이 예사롭지 않아 때때로 편협한 사고와 부질없는 생각으로 시세에 흔들릴지라도, 자연의 순리에 따르는 이치를 터득하게 하고, 자신을 낮추는 일이 예사롭지 않음을 내 곁에서 가르치며 깨우쳐 주고 있는 것이다.

약쟁이 사위

 추수가 끝난 빈 들판은 황량하기 그지없다. 사람 그림자라곤 찾아보기 힘든 초겨울의 농촌은 마냥 을씨년스럽기만 한데, 멀리 동네 어귀에 할머니 대여섯이 모여 품앗이로 두렛일을 하고 있는 모습이 눈에 선연히 들어온다. 늘 대하던 정경들이라 무심코 지나치려는데 할머니 한 분이 내 쪽을 향해 손을 흔들며 큰소리로 '선상님! 선상님!' 하며 나를 부른다. 전혀 예기치 않던 일이라 당황하기도 했고 한편으로는 무척 궁금하기도 했다.

 가까이 가서 보니 예상했던 대로 할머니들은 김장 배추를 열심히 다듬고 있었고, 나를 다급히 부르던 그 할머니는 다소 겸연쩍은 표정을 지으며 나지막한 목소리로 이내 말을 걸어온다.

 언젠가 좁은 농로에서 차를 후진하다 실수로, 그 할머니의 조그마한 손수레를 망그러뜨린 일이 있었다. 밭일을 나갈 때 필요한 물건이나 연장들을 싣고 다니던 유일한 운반수단이었던 것이다. 급히 시내로 나가 철물점 여기저기를 수소문한 끝에 그와 유사한 것을 즉시 구해다 주었다. 그런데 뜻밖에 구겨진 만 원짜리 지폐 한 장을 한사코 내게 건네주려고 한참 실랑이를 벌이던 그 할머니였다.

'선상님요, 약쟁이 사위한테 지난번 얻은 알약 한 통 구해다 주면 좋겠는데, 좀 갖다 주면 안 될까요?'

그리고 연이어,

'요즘 신약을 사다 먹었더니, 속이 쓰려 간밤에는 잠을 한숨도 못잤심니더……'

지난해 이맘때이었던가. 시내에서 사위가 운영하는 한의원에 동네 할머니들이 대거 몰려가 뜸도 뜨고, 침도 맞고 물리치료를 받은 뒤 소화제 알약을 한 통씩 얻어 온 적이 있었는데, 그때 그 약이 효험이 있었던 모양이었다.

약쟁이란 말을 처음 들었을 땐 약간 거북스럽기도 했지만, 돌이켜 생각해 보면 결코 틀린 말은 아니다. 듣기 좋은 말이나 통념대로라면 한의사라 부르는 게 일반적인 관례로 되어 있다. 따지고 보면, 병실에서 진맥을 하고, 침을 놓고, 뜸을 뜨고, 통증클리닉을 일컬어 의료행위라 한다면, 환자의 병을 진단한 뒤 조제하여 약을 파는 업을 하고 있으니, 약쟁이라 부르는 것은 어떻게 보면 당연한 말이라 할 수 있겠다.

교언영색巧言令色이란 말이 있다. 교언이란 과장된 말, 허황된 말, 거짓된 말들을 말하는 것이다. 바꾸어 말하면 진실성이 결여된 말은 교언이라 할 수 있을 것이다. 이런저런 얘기를 나누고 나서 무언가 아쉽고 께름칙한 기분이 들면 그것이 바로 교언인 것이다. 진솔된 말은 상대방에게 감동과 감명을 주지만, 교묘한 말은 시간이 지날수록 마음이 유쾌하지가 않다. 그리고 영색이란 얼굴과 몸짓에 나타난 표정을 말함인데, 상대방을 편안하게 해주지 못하고 지나치거나 불안한 마음을 심어주면 영색이라 할 수 있을 것이다.

사람과 사람 사이에서 말도 중요하지만 그에 못지않게 몸가짐 또한 대인관계에서 많은 비중을 차지한다고 볼 수 있다.

우리는 세상을 살아가면서 남을 평가하고 평가받으면서 살아간다. 그러나 솔직히 감정이 움직이는 대로 말하기란 그리 쉬운 일이 아니다. 말을 들어보면 그 사람의 마음을 짐작할 수 있다고 하는데, 이는 말 그 자체가 인격의 표현이기 때문일 것이다.

사람을 일시적으로 속일 수는 있으나 영원히 속일 수는 없다. 그러기에 교언영색으로는 사람을 지속적으로 감동시킬 수 없는 것이다. 감동이란 순수한 마음이 통할 때 생기는 감정이란 점을 감안해 볼 때, 교언영색으로 가까이 다가서는 사람들을 경계하는 것 또한 세상을 바르게 살아갈 수 있는 한 방법이 아닐는지.

말의 홍수 시대를 살아가고 있는 우리들.

때로는 자신의 생각을 아무 거리낌 없이 진솔된 감정 그대로 펼쳐 나갈 수 있는 것이야말로 세상을 밝게 열어가는 길이 아닐까 생각해본다.

말이라는 것은 결국 마음의 알갱이이기 때문이다.

이화의 절정에서

사촌리 고개의 아침을 넘는다. 하얀 눈꽃 송이들로 성장을 차린 산야가 오늘따라 더욱 선연한 모습으로 내 앞에 다가선다. 하늘과 땅과 바람의 이름으로 축복받으며 그 화려하고 장엄한 모습을 선보이는 것이다.

며칠 전까지만 해도 여기저기서 진달래가 다투어 얼굴을 내밀고, 길섶에선 개나리의 환한 미소가 움츠렸던 내 감정을 흔들어 주기까지 했었다. 그런데 계절은 4월도 중순을 넘어 여름을 향해 바쁜 걸음들을 하고 있는 사이, 좀체 겨울잠에서 깨어날 줄 모를 것 같던 그들이 뒤늦게 터지는 봄의 소리에 내 마음도 놀라 화들짝 깨어난다.

생각해 보면 지난가을 맥없이 하나둘 잎새들을 떨구어 버리고 겨우내 나목이 된 채 살을 에는 추위와 무서리 속에서 온갖 굴욕과 냉대를 용케 견뎌냈다. 그 무디고 억센 가지에서 순백의 꽃송이들을 일시에 토해내면서 내 시야를 어지럽게 하고 있는 것이다.

바로 이화의 향연이 베풀어진 것이다. 나는 이 향연 앞에서 무겁게 짓누르는 내 모든 감정과 묵은 찌꺼기들을 모두 떨쳐버리고 겸허한 자세로 그들 앞에 섰다. 아무리 생각을 거듭해 봐도 이들 앞에선 권력의 갈등이나 악착같은 생존의 논리도 없고, 도시의 허영이나 스트레스도 없다. 그저 태양의 빛으로 돌아가 순리와 질서만을 지키며 작은 것 하나라도 오직 내 것으로 간수하려는 소망밖엔 존재하지 않는다. 그저 하얀 침묵만을 꿋꿋이 지키며 분수대로 살아가려는 일념밖엔 없다.

문득 살아온 날들을 반추해 본다. 부질없는 욕망은 얼마나 많은 날들을 형식과 허욕 속에서 부대끼며 살아가게 했던가? 그러면서도 무엇 하나 또렷이 내세울 만한 족적도 없을 뿐인 삶이었던 것을. 천 년 묵은 나무에겐 천 년의 의미가 담겨 있다는데, 살아 온 깊이만큼 내 의미도 그 깊이 속에 담겨져 있는 걸까.

누군가는 인생살이를 일컬어 고통의 바다라고 했지만 아무리 생각해 봐도 인생살이에서 즐거움이 배제될 수는 없는 듯하다. 하지만 인생을 살아가는 목적이 쾌락만을 추구하는 맹목적인 것이어서도 안 되며 그 속에 인간이 살아가는 커다란 의미가 내재되어 있어야 할 것이다.

괴테의 말처럼 하늘에는 별이 있고 땅에는 꽃이 있다. 사람에게는 사랑이 있어야 하는 것이다. 하늘에서 가장 아름다운 것은 별이요, 땅에서 가장 아름다운 것은 꽃이요, 인간에게서 가장 아름다운 것은 사랑이다. 가령 하늘에 별이 없다고 생각해 보자. 우리들의 감성이 얼마나 메마르고 황량하고 삭막해지겠는가. 만일 인간에게서 사랑이 없다고 상상해 보자. 인생은 무의미하여 뜻도 보람도 행복도 없을 것이다.

인생에는 사랑이 있기 때문에 우리는 살맛을 가지며 고독과 절망을 딛고 과감히 일어설 수 있는 것이다. 이 모든 사랑 때문에 인생은 즐겁고 아름다우며 삶의 의미와 함께 보람도 느낀다. 확실히 사랑은 생에 의미를 주고 값지게 살게 하는 용기와 희망을 준다.

하늘에 떠 있는 무수한 별들, 그 별들을 바라보며 하나의 의미를 붙들고 싶다. 복잡하게 돌아가는 시공 속에서도 어김없이 화사한 꽃이 피어나 새 생명에의 환희를 느끼듯, 인간에게 사랑이 있는 한 어떠한 어둠과 불행이 닥치더라도 보다 성숙된 인생을 영위해 갈 수 있을 것이다. 가치 있고 보람된 모습으로 굳게 살아갈 수 있으리라.

며칠 후면 사촌리 고개의 하얀 배꽃도 속절없이 지고 말리라. 가는 봄이 아쉬운 만큼 분분히 흩날리는 꽃잎들을 바라보는 마음이야 마냥 아프겠지만, 얼어붙은 땅 위에서 새싹이 돋듯 새 생명을 또다시 잉태할 자연이기에 묵묵히 보내려는 마음이 한결 여유로워진다.

이처럼 오묘한 자연의 섭리 앞에서 내가 살아가는 의미를 다시 한 번 되새기고 싶다.

장례 문화

20여 년 전의 일이다. 사천시 근교에 선영이 자리하고 있었는데, 뜻하지 않게 그곳에 대단위 아파트 단지가 들어서게 되어 부득이 이장을 해야만 할 처지에 놓이게 되었다. 갑자기 일어난 일인데다, 정해 놓은 기간 안에 이장을 해야 하기 때문에 딱히 묘지를 정해 놓지 않았기 때문에 심적 부담도 컸을 뿐 아니라, 마음은 급해지고 어찌할 바를 몰라 허둥댈 수밖에 없었다. 여기저기 백방으로 수소문했지만 새로운 유택을 장만하는 일이 그리 만만치만은 않았다. 한참 고심하던 차에, 함께 근무하는 서무과 직원의 주선으로, 학교와 인접한 거리에 일제 강점기에 조성된 1,200여 평에 달하는 계단식으로 된 과수원을 매입하게 되었다.

한 가지 걱정스러운 것은, 과수원 진입로가 마을을 끼고 있어 약간의 부담을 느끼긴 했지만, 다행히 근처 학교에 근무하고 있는 데다가 주민 대부분이 학부모들이고, 여타 주민들과도 평소 지기를 다져온 터라 다소 안심도 되었고, 걱정도 덜 수 있었다. 거기에다 내가 거주하는 진주晋州하고 지리적으로 근접해 있어 불과 3, 40분이면 족한 거리였고, 햇볕이 비교적 잘 드는 양지 바른 곳이어서 가족 묘지로서는 더할 나위 없이 좋은 입지적 조건을 갖추고 있었다.

　서둘러 경계측량을 하고, 중장비를 동원하여 땅을 고르는 작업에 들어갔다. 경사가 너무 심해 아래쪽에는 큼지막한 조경석으로 축대를 쌓아 올렸는데, 그 높이가 무려 3, 4m이상이나 되었다. 축대 사이사이에는 영산홍을 심고, 묘지 터 가장자리에 일정한 간격으로 배롱나무와 키 작은 상록수와 낙엽수를 적당히 배치하고, 동네가 내다보이는 쪽으로는 수벽樹壁을 설치하여 가림막을 했다. 연이어 봉분을 조성하고, 원문대로 비문을 새겨 넣고, 상석과 망주석과 여타 석물들을 안치한 뒤 잔디를 입히고 나니, 타원형의 묘지가 윤곽을 드러내기까지에는 무려 달포 이상이나 걸려모든 일을 마무리지을 수 있었다.

　그 누구도 세월을 비겨갈 수 없다고 했듯이, 그리고 십수 년의 세월이 흘러, 오랜 지병을 앓고 계시던 둘째 형님이 돌아가자 예견하지도 않던 일이 생기고 말았다. 지내오는 동안 학교도 타 지역으로 옮겨왔고, 낯익은 얼굴들도 하나둘 사라지고 조상 대대로 터잡아 살던 사람들도 삶의 터전 찾아 도회지로 옮겨가는 바람에, 그곳이 마치 내게는 이방인 같은 느낌이 들 수밖에 없었다. 장례를 앞둔 시점에서 일이 꼬이기 시작했다. 운구가 마을 앞을 지나갈 수도 없고, 어떤 경우에서든 그대로 매장 생장을 할 수 없다는 완강한 저항에 부딪히고 말았다.

형님께서는 운명하기 직전까지 입버릇처럼, 부모님 계시는 선영에 묻어달라는 유언도 있었고, 평소 가족묘지로 여기고만 있었는데 뜻밖의 일이 벌어지고 말았던 것이다. 옥신각신 끝에 마을을 등지고 또 다른 길을 새로 만들어 산등성이를 넘어 안장을 시키는 방향으로 가닥을 잡을 수 있게 되었으니 그나마 천만다행이었다.

그리고 이듬해 큰형님마저 앓아눕게 되자 전에 있었던 장지 문제로 걱정이 서서히 앞서기 시작했다. 그 자리에 묘를 쓰지 않기로 마을 사람들과의 약속도 약속이거니와, 또다시 문제를 야기할 수는 없었다. 한참 고심을 하던 차에 요행히 지인의 소개로 선영이 있는 지척 골짜기에, 미리 조성해 놓은 700여 평에 달하는 새로운 유택을 마련할 수 있게 되어 무거워진 마음을 내려놓을 수 있게 되었다.

한결 마음이 놓이는 것은, 그곳은 동네도 등지고 있는데다 국도에서나 마을에서도 멀리 떨어져 있고 말썽의 소지가 없을 뿐 아니라, 평지에다 좌우 양쪽으로 야트막한 산을 끼고 조망이 좋고 앞이 트여 있어 더없이 좋았다. 더군다나 입구까지 차가 마음대로 드나들 수 있어 다행이라 여겨졌다.

내 유년 시절을 돌이켜본다. 정처없이 먼 길을 떠나야만 했던

제2부 민들레 학교

6·25 피난길에서도, 선친께서는 병풍과 제기만은 꼭 챙기셨고, 궁핍했던 살림살이에다 교통이 불편하던 시절인데도, 여러 곳에 흩어져 있던 선영을, 한곳에 모으는 일에서부터 단장을 마치기까지, 오직 혼자만의 힘으로, 조상 섬기는 일을 목숨보다 귀히 여기셨다. 그러한 선친의 행적에 비하면, 내가 하는 일이 하찮은 일임에는 틀림이 없어 보인다.

그 누가 말하기를 세월을 약이라 했던가. 생각해 보니 겁 없이 날뛰던 젊은 날의 시간들이 주마등처럼 스친다. 선고의 유지를 따르다 보니 어려운 일이 한두 가지가 아님을 이제야 깨닫는다. 무려 2,000여 평 가까운 넓은 묘지를 관리하는 일이 예사롭지 않다. 봄이면 잔디 사이로 돋아난 잡초를 일일이 제거하는 일에서부터, 나무를 다듬고 병충해 방제하는 일이며, 더위가 막바지에 달하는 음력 8월 초하루를 전후하여 어김없이 벌초를 해야 하는데, 사람 구하기도 어려운데다 예초기를 동원해도 족히 3, 4일은 걸려야 하는 작업이라, 힘겨운 일이 한두 가지가 아님을 이제 와서 새삼 깨닫게 된다.

우리에겐 오래전부터 명당을 찾아 장례를 치르고, 무더운 여름날에 벌초를 하는 관습이 뿌리 깊게 내려져 오고 있다. 이는 조상에 대한 추은보본을 잊지 않고 오래도록 그 뜻을 기리고자 하는 전래의 미풍양속이며 우리 민족 고유의 전통인 것이다.

오랜 관습의 벽을 당장 깨기는 어렵겠지만, 우리의 장례문화나 관습도 서서히 바꾸어 나가야 하지 않을까 하는 생각이 든다.

하기야 근래에 들어와 장례문화나 묘지법도 많이 바뀌어 서너 평 남짓한 곳에 평장이나 납골묘를 만들기도 하고, 눈여겨둔 나무 곁에 수목장도 한몫을 차지하는 세상으로 돌변하고 말았으니, 조상과의 소통이라는 이름으로 이대로 이어가야 할지…….

문득 차분한 가을날 술값으로 문우文友들에게서 얻은 돈을 허공에 내두르며 기뻐했었다는 천상병 시인의 기담奇談이 떠오른다.

나 하늘로 돌아가리라.
아름다운 이 세상 소풍 끝내는 날,
가서, 아름다웠더라고 말하리라.

바람 따라 구름 따라 떠도는 나뭇잎 같은 인생, 자손들에게 부담주지 않고 오직 정신적 조상으로 남아야 할지, 새삼 옷깃을 여미며 깊은 생각에 젖어 본다.

황매산 등반

 이번 여름은 지구촌 곳곳에서 기록적인 기상이변이 속출하여 숱한 화제를 남겼다. 상상을 초월하는 국지성 폭우가 쏟아지는가 하면, 야구공 크기의 우박이 내리고, 어떤 곳에서는 사람이 견디기 어려운 50도를 오르내리는 폭염으로 인해 사망자들이 속출하기도 했다. 우리가 사는 이 곳도 예외는 아니었던지, 중부지방에서는 하루 100~200㎜라는 기록적인 폭우에다, 50여 일 가까운 긴 장마의 연속이었다. 그런데 이곳 남쪽 지방에서는 마른장마와 폭염으로 밭작물이 타들어가고, 과수나무도 열매가 제대로 성숙이 안 되어 수확을 거의 포기하고 있다는 안타까운 소식들만 들려올 뿐이다. 거기에다 열대야까지 연일 계속되니 모두가 밤잠을 설쳐 하나같이 지친 표정들이다.
 여름이 본격적인 제 모습을 드러내는 8월 초하루, 약속대로 후

배 K와 함께 황매산 깊은 골짜기에 있는 애기바위솔을 만나러 등반길에 올랐다. 오후에 약간의 소나기가 있을 것이라는 예보가 있긴 했지만, 번번히 비껴나가는 예보를 그냥 묵살해 버리고 서둘러 집을 나섰다. 목적지를 향해 바람 한 점 없는 험한 등산로를 따라 그 산의 8부 능선쯤 올랐을 땐, 몸은 이미 땀으로 흥건히 젖어 버렸고, 몸조차 가누기 힘들 정도로 극도로 지치고 말았다. 사방을 둘러봐도 쉴 수 있는 공간이나 나무 그늘 하나 없는 관목들 일색이다. 7년 전 올랐던 그날의 기억을 어슴푸레 되새기며 바위에 올라 사방을 두리번거렸지만, 그 옛날의 모습은 온데간데없고, 온통 잡목들로 우거져 발길을 쉬이 허락하지 않는다. 오랜 시간을 벼르고 벼르다 애기바위솔을 찾아 나선 발걸음인데 이대로 걸음을 멈출 수만은 없었다.

무더위 때문인지 사람의 그림자는 찾아볼 수 없었고, 이따금 울어대는 매미 소리만이 적막을 깨뜨리고 있을 뿐, 사위는 긴 침묵 속에 갇혀 있었다. 조금 더 높은 곳을 향해 발걸음을 재촉한다. 햇볕이 구름에 가렸다가 나타나기를 반복하는 가운데 가쁜 숨을 몰아쉬며 가파른 비탈길을 오르고 또 오른다. 강하게 내리쬐는 뜨거운 태양, 이마에 흐르는 땀을 연신 훔쳐내며 걷고 또 걷는다. 몸 안에 있는 열정이 다 소진되었는지 한 발자국 내딛기가 힘에 겹기만 하다.

한참을 오르다 아래를 내려다보니 멀리 시야에 들어오는 그 계곡, 그 소나무, 그 바위가 틀림없다. 혹시나 하는 염려에서 서 있던 자리를 눈으로 대충 표식하고, 오던 길을 벗어나 숲 속으로 들어갔다. 숲 안은 예상과는 달리 한 치 앞을 내다볼 수 없을 정도로 어두컴컴하고 지척을 분간할 수 없을 정도였다. 이리저리 얽혀있는 넝쿨식물들과 가시가 돋쳐 있는 엄나무, 찔레, 산머루, 칡덩굴, 철쭉과 억새를 비롯하여 이름 모를 잡목들로 뒤엉켜 좀처럼 길을 터주지 않았다.

  땀으로 범벅이 된 몸은 늘어진 어깨를 더욱 무겁게 짓눌렀다. 얼마를 헤맸을까. 그냥 억새풀 위에 드러눕고 말았다. 나뭇가지 사이로 빠끔히 얼굴을 내민 하늘은 먹구름을 잔뜩 머리에 이고 금세라도 한 줄기 세찬 비를 퍼부을 기세다. 마음이 바빠진다. 몸을 일으켜 다시 숲 속을 헤맨다. 엎어지고, 넘어지고, 긁히면서 사방을 두리번거렸지만 어디가 어딘지 지척도 분간할 수 없을 정도다. 얼마를 헤맸을까. 바른쪽 다리가 자꾸만 시큰거려 바지를 걷어올렸더니, 정강이가 바위 모서리에 부딪혔는지 10㎝ 가량이나 찢어져 선혈이 낭자하다. 급한 대로 수건으로 감싸고 지혈을 했다. 마치 때를 기다리기라도 한 듯 굵은 빗줄기가 쏟아지기 시작한다. 우선 급한 대로 몸에 지닌 휴대전화와 지갑을 꺼내어 비닐로 감싼다. 20여 분가량 지났을까 다행히 비는 그치고 말간 하늘이 소나무 가지 사이로 빠끔히 얼굴을 내민다.

  골짜기 깊숙한 곳, 바위틈 어디에선가 하얀 별무리 애기바위솔이 멀리서 살가운 미소로 손짓하며 날 부르는 것 같아, 방향도 없이 계속 걸음을 재촉한다. 골짜기 아래로 굴러내리다가 제멋대로 멈춰 선, 크고 작은 바위들이 모여 있는 그곳을 찾아야만 한다는 일념뿐이다. 얼마를 헤맸을까. 드디어 바위 무더기를 발견했다. 가슴이 자꾸만 두근거리기 시작한다. 엎드려 자세히 살펴보니 내가 찾던, 일엽초며, 바위에 붙은 이끼들 모두가 그 무리임이 틀림이 없었다. 환희와 감격이 교차되는 순간이었다. 그런데 아무리 눈을 닦고 찾아봐도 그토록 찾아 헤매던 애기바위솔은 그 자리에 없었다. 환각이었을까. 그 바위 그 계곡이 틀림없는데 이상하게도 애기바위솔은 없고, 대신 노란 꽃망울을 터뜨리고 있는 바위채송화 한 무더기뿐이었다.

산새도 넘나들기 힘겨운 산의 정상 후미진 바위에 피어나는 노란 꽃, 척박하고 깡마른 세상에 한 줄기 희망으로 내 앞에 다가서는 바위채송화. 오직 바람과 새소리만을 벗 삼으며 생을 관조할 줄 아는 여유를 지니고 있는 바위채송화를 만난 것만으로, 오늘의 힘겨운 산행을 마무리짓고, 그것으로 족해야 했다. 한참을 헤매다 간신히 숲을 빠져나오긴 했는데, 예상과는 달리 처음 들어섰던 곳과는 정반대의 방향이었다. 자칫하면 숲 속 미아가 될 뻔했는데 그마나 다행이었다.

하산을 하는데 왼쪽 무릎이 자꾸만 시큰거린다. 길 떠나기 전, 아침 일찍 병원을 찾아 무릎 연골주사를 맞고 나오는데 귓전에 대고 "오늘 하루는 집에 쉬시고 며칠 뒤 산행을 하는 게 좋을 것 같습니다."라고 담당의가 내게 건네 준 한 마디가 자꾸만 긴 여운을 남긴다.

산을 거의 내려 왔을 무렵, 마치 내가 지니고 있는 부질없는 욕망을 씻어 내리기라도 하듯, 하늘에선 장대 같은 빗줄기가 사정없이 차창을 때리고, 물이 도로까지 넘치는 바람에 꼼짝없이 차 안에 갇히는 신세가 되었다가, 한참이나 시간이 지난 뒤 겨우 귀로에 오를 수 있었다.

밤하늘의 별

3

건강과 치아
나의 삶, 나의 건강
망향에 흘려보낸 숱한 세월
밤하늘의 별
석류나무 한 그루
시클라멘
어떤 인생
의연한 당신의 자태
참[眞]이란 무엇일까
초여름에 찾은 웅석봉

건강과 치아

 우리들은 오복을 두고 흔히 수壽, 부富, 강녕康寧, 유호덕攸好德, 고종명考終命을 말하는데, 이는 『서경書經』에 나오는 말이다. 그러나 민간에서 오래전부터 전해내려 오는 오복은 이와는 약간 다른 것 같다. 청淸나라의 학자 적호翟灝가 지은 『통속편通俗編』에 보면 수壽, 부富, 귀貴, 강녕康寧, 자손중다子孫衆多로 『서경』에 나오는 오복과는 다소 차이가 있다. 비슷한 것 같지만 내용을 음미해 보면 서로 다름을 알 수 있다. 『서경』에서 말하는 유호덕이 귀로, 고종명이 자손중다로 바뀐 것은 일반인들 머릿속에는 우선 귀하게 되는 것이 소망이었을 것이고, 자손이 많은 것이 고종명보다 낫다고 생각하였기 때문이 아닐까 하는 것이다.
 우리가 흔히 인간의 이齒를 두고 오복에 든다고 하는 말은 사실과는 전혀 무관한 것일까. 속담에 인간의 이가 오복에 든다고 하는 것은 사실과는 다르지만, 이가 좋아야만 건강할 수 있다는 생각에서 비롯된 것이라 할 수 있지 않을까 하는 것이다.

철이 들기 전 아주 어릴 때의 이야기다. 심한 치통으로 인해 밤새도록 네 방구석을 뒹굴다 날이 새기가 무섭게 어머니 등에 업혀 치과에 갔던 기억을 가끔 떠올리곤 한다. 사위는 온통 눈과 얼음으로 뒤덮여 있고 싸늘한 기운이 감도는 어느 겨울날 새벽으로 기억된다. 날이 새기가 무섭게 거의 1시간이나 걸려 도착한 곳은, 골목 안 깊숙이 자리하고 있는 어느 이름 모를 가정집이었다. 딱딱한 나무의자에 앉는 순간 무슨 쇠붙이 같은 것이 입안을 휘젓고 지나간 듯했는데, 나는 그만 그 자리에서 자지러지고 말았다. 지금 생각해 보니 마취도 않고 발치를 했던 것 같다. 말이 치과라지만 그곳은 정식으로 간판을 걸고 치료하는 곳이 아닌, 요즘으로 말하면 무면허 불법의료 행위를 하는 그런 곳이었다.

그 당시에는 지금처럼 병원도 흔치 않았고, 거의가 민간요법에 의지하거나, 아니면 집에서 그냥 아픔을 참고 견디는 수밖에 별다른 도리가 없었다. 정식으로 문을 연 치과를 찾아간다 해도 비용도 만만치 않은데다가 정해 놓은 시간에만 진료를 하기 때문에, 사사로 이를 치료해 주는 곳은 밤중이나 이른 새벽을 가리지 않고 수시로 드나들 수 있어 편리한데다, 비용도 저렴한 편이라 웬만한 사람들은 주로 이런 곳을 이용했던 것이다.

2년 전 위암 판정을 받고 복강경으로 위를 절제하는 수술을 했는데, 그 후유증 때문인지 요즘 들어 자주 몸살을 앓는다. 무리하게 몸을 움직이지 않았는데도 곧장 피곤을 느낄 때도 있고, 매사에 의욕을 잃고 가끔 뒤로 한 걸음 물러설 때가 예전보다 많아졌다. 가끔 몸이 나른하고 감기 기운이 있을 때면, 잇몸이 시리거나 아려 음식물을 제대로 씹지 못할 때도 종종 있다.

그런데 근래에 들어 잇몸 사이에 음식물이 자주 끼어 불편하기 짝이 없었다. 이번에 크게 앓은 몸살 끝에 음식을 씹을 수 없을 정도로 통증이 너무 심해 치과를 찾게 되었다. 의사로부터 간단한 문진이 끝난 후 간호사를 따라 촬영실로 들어갔다. 잠시 후 모니터에 나타난 치아의 상태 하나하나를 자세히 설명하더니, 잇몸의 뿌리가 거의 삭아 겨우 붙어 있는데, 지금 상태로선 치아로서의 제 역할을 못할 뿐만 아니라, 맞닿은 이가 없기 때문에 발치를 해도 괜찮다며, 오늘은 간단히 약물치료만 하고 한가한 날, 시간을 내어 다시 와 발치를 하는 게 좋겠다는 말을 남긴다.

치과를 다시 찾아오는 것도 번거롭고 부담스러울 뿐 아니라, 어릴 때 아팠던 기억들 때문에 머릿속에 반란이 일기 시작했다. 한참 뜸을 들이다가 지금 당장 발치를 해 달라며 의자에 다시 주저앉고 말았다. 안절부절못하는 내 마음을 의사가 알아차렸는지 마취를 하면 통증 없이 간단히 치료할 수 있다며 일단 안심을 시켜준다. 잇몸에 주삿바늘이 꽂히기를 몇 번 거듭한 끝에 드디어 발치를 하게 됐는데, 그것도 두 번, 세 번 연속적으로 마취를 해도 별반 소용이 없었다. 얼마나 아픈지 마치 지옥을 본 것 같았지만 꾹 참고 견디는 수밖에 별다른 도리가 없었다. 한참 실랑이 끝에 드디어 발치에 성공했다.

성인 치아의 개수를 셀 때 사랑니를 포함하면 32개, 사랑니를 제외하면 28개가 정상이라고 한다. 지금 내 치아를 헤아려 보니 윗니가 12개, 아랫니가 12개 모두 24개가 아직 그대로 남아 있다. 아직은 그 흔한 틀니 임플란트를 안 하고 지내는 것만 해도 그나마 다행이라는 생각에 스스로 자위를 해 본다.

어언 70대 중반, 인생 여정을 등반에 비유하면 하산을 끝내고, 나무 숲 그늘에 앉아 편안한 마음으로 안식을 취하고 있을 나이다. 약솜을 어금니에 물고 병원 문을 나서니 기다리던 봄비가 하염없이 내리고 있다.

이 비 그치면, 부모님 계시는 선영에라도 잠시 다녀와야겠다.

나의 삶, 나의 건강

 젊음이 한창일 때, 직장에서 가끔 건강검진을 할 때가 있다. 몸에 별다른 이상이나 증상도 없고 꼭 검진을 받아야 할 필요를 느끼지 않아, 차일피일 미루다 몇 차례 독촉을 받고난 뒤에야 마지못해 병원 문을 두드리곤 했다. 그러던 것이 요즘 들어서는 누가 시키지 않았는데도 병원 여기저기를 스스로 찾아다녀야 할 처지가 되었으니 나이 앞에는 장사가 없다는 말처럼 격세지감을 금할 수 없다.

 꼭 2년 전 일이다. 설날을 전후해서 음식을 먹었다 하면 목구멍에 무엇이 걸린 것처럼 속이 더부룩하고 갑갑하여 견딜 수가 없었다. 동네에 있는 내과전문병원을 찾았더니 역류성 식도염이라며 담당의는 대수롭잖은 표정을 지으며 이내 처방전을 건네준다. 그런데 시키는 대로 부지런히 약을 복용했는데도 좀처럼 나을 기미는 보이지 않고, 이상한 조짐은 시간이 흐를수록 점점 더해 가기만 했다. 1년 전에 위내시경 검사를 했을 때는 별다른 이상이 없었다. 그런데 자꾸만 이상한 예감이 들어 아무래도 위내시경 검사를 다시 해 봐야겠다는 단안을 내리게 되어 검사를 했더니, 뜻밖에 위암이라는 청천벽력과 같은 결과가 나왔다.

어찌할 바를 몰랐다. 시간이 흐를수록 정신은 점점 혼미해지는 것 같고, 마음은 걷잡을 수 없을 정도로 허공을 맴돌기 시작했다. 주위의 권유와 가족들과 의논한 끝에 가까이에 있는 G대학병원에서 수술하기로 결정했다. 장비나 시설은 말할 것도 없고 의료진 구성도 잘되어 있고 조기 위암이라 어렵지 않게 수술할 수 있다는 단안을 내리기까지는 시간이 그리 오래지 않았다. 입원 후 각종 검사를 거쳐 위 절제 수술을 무사히 잘 마칠 수 있었다. 그런데 수술 후 위 혈관이 터져 시나브로 피가 새어 이튿날 새벽녘에 전신마취를 하고 복부를 절개한 뒤, 다른 피를 수혈하면서 꺼져가는 목숨을 겨우 건질 수 있었다.

그 순간의 느낌은 이러했다. 여름철이면 친구들끼리 어울려 물속에 들어가 누가 오래 있는가를 내기할 때 한참을 참고 견디다가 더 이상 버틸 수 없을 때, 가쁜 숨을 몰아쉬면서 물 밖으로 나와 긴 숨을 몰아쉴 그 때의 느낌처럼, 불과 1~2분의 짧은 순간 혈관 속으로 피가 들어가는 시간과 함께 생과 사의 갈림길에서 비로소 깨어나게 되었으니 나로서는 저승의 문턱까지 갔다 온 셈이다.

얼마 전의 일이다. 샤워를 하다 보니 왼쪽 무릎 안쪽 근육 안에

콩알만 한 망울이 잡혀져 손으로 눌러 짜내려고 몇 차례 시도한 적이 있다. 그리고 얼마 후 약간의 통증이 느껴져 자세히 살펴보았더니 발갛게 부어오르고 고름 같은 것이 비치기에 재빨리 인터넷에 들어가 검색했다. '자라 보고 놀란 가슴이 솥뚜껑 보고 놀란다.' 더니 임파선염과 증상이 비슷하여 혹 임파선염이 아닐까? 하는 생각을 하게 되었다. 걱정과 근심은 시간이 흐를수록 더해 가기만 했고 망설임 끝에 하는 수 없이 병원을 찾았다. 한참을 들여다보던 담당의는 손독이 올라 그런 것이라며 별것이 아니니까 약간 아프더라도 참으라며 마취도 않고 힘껏 누르면서 고름을 짜내는데 어찌나 통증이 심했던지 연신 비명을 지르고 말았다. 그로부터 일주일 뒤 마취를 하고 근육 속에 있는 피지를 제거하는 수술을 무사히 마친 적이 있다.

 어릴 때, 집이 시장 근처에 있어 닷새마다 열리는 장날이 오면 온 동네가 시끌벅적하고 잔치 분위기에 젖어들곤 했다. 당시에는 볼거리 구경거리가 귀했던 시절이라 동네 약장수는 단연 인기를 한몸에 독차지하기에 충분했다. 얼굴에는 콧수염을 달고 큰 고무코에 검정 안경테에다 커다란 북을 어깨에 메고 한 발 움직일 때마다 둥둥하고 울리는 북소리에 절로 신명이 났고, 비록 맨바닥에 쪼그리고 앉아 있어도 신기하고 마냥 즐겁기만 했다. 쓰고 있던 모자 속에서 갑자기 비둘기가 나타났다 사라지기도 하고, 불에 탄 종이를 입안에 넣자 연이어 오색 종이가 거미줄처럼 연달아 나올 때는, 마치 약속이라도 한 듯 한꺼번에 환호와 박수 소리가 끊이질 않았다.

특히 약장수의 구수한 입담에다 바이올린이나 트럼펫 등 각종 악기로 민요 가락이나 유행가 가락이 울려 퍼질 때는 흥이 절정에 달하곤 했다. 이때를 놓칠세라 본격적인 약 선전이 시작된다. "날이면 날마다 달이면 달마다 오는 게 아닙니다……. 벌레 물리고 벌에 쏘인 데, 어깨가 쑤시고 아린 데, 허리 결린 데, 무릎이 시리고 아픈 데, 복통, 치통, 편두통, 종기가 나서 고름이 줄줄 흐르는 데……." 달콤하고 솔깃하고 구수한 입김은 뭇 사람들의 이목을 끌기에 충분했다. 그런데 한 가지 지울 수 없는 생각은 약장수가 떠들어대는 온갖 병들은 철없는 나의 판단을 흐려 놓기에 충분했고, 오랜 시간 지울 수 없는 그림자를 드리우기만 했다. 그것은 이런 병을 앓는 사람들은 나와는 전혀 무관한 어느 특정한 사람들만 지니고 있는 것쯤으로 막연히 그렇게 여기고만 있었다.

살아오는 동안 몸이 쇳덩어리 같다는 말을 들을 때도 가끔 있었다. 그러나 근년에 들어서는 시력이며 기관지, 소화기 계통도 전만 같지 않은데다, 무릎이며 허리도 가끔씩 통증을 수반하기도 하고, 한 해를 보내는 세모에 이를 즈음이면 어김없이 심한 몸살을 앓는다. 나이가 점점 들어가니 몸 성한 곳이 한 군데도 없는 것 같다는 느낌이 든다. 큰 수술 이후로 가끔씩 만나는 사람마다 건강이 괜찮으냐고 물어 오는데 속으로 부담이 될 때가 허다하다. 쉬이 회복되지 않은 건강 탓으로 요즘 들어서는 한 줄의 글도 시원스레 매듭을 짓지 못하고 오랜 시간 끙끙대기도 한다. 따지고 보면 글 쓰는 작업이 정신과 삶, 그리고 육체의 됨됨이를 정확히 투시하는 것에서 기인하는 것인지도 모른다. 마음 같아서는 살아 있는 동안 부딪히는 일들을 사랑으로 타이르고 보듬어서 자유롭게 마음껏 삶을 노래하며 즐기며 지낼 수 있는 날까지, 나의 삶, 나의 건강을 지키고 싶은 마음만 간절할 따름이다.

망향에 흘려보낸 숱한 세월

　가무잡잡한 피부에 사람을 끌어당기는 듯한 예리한 눈, 알맞은 키에 단련된 근육질의 몸매는, 마치 영화에 나오는 람보를 연상할 정도로 다부지고 믿음직한 모습이었다. 언제 보아도 바쁜 시간 속을 거닐며 잠시도 쉴 틈이 없어 보인다. 엄동설한에도 내의 하나 걸치지 않고 험난한 고산준령이나 거친 황야, 잡초 우거진 들녘이나 칡넝쿨이 얽혀 있는 언덕배기, 험한 가시밭길도 그에게는 탄탄대로였던 것이다. 어디에 가든 뒤쳐져 따라오는 법이 단 한 번도 없었고 선두 자리는 언제나 그의 몫이었다.
　지금은 생산이 중단된 차종이지만, 당시 현대에서 나오는 화물 겸 승용 차종인 포니 액셀을 애마처럼 몰고 다녔는데, 그 조그마한 차를 몰고 사람의 발길이 쉬이 닿지 않는 곳이라도 마음대로 산야를 샅샅이 누비고 다니기도 했다. 그의 말에 의하면 운전 중

몇 차례의 죽을 고비를 넘기기도 했지만, 가까스로 위기를 모면한 적이 수없이 많았다고 했다. 이름 그대로 수륙양용에다 전천후 요격기처럼 무한 질주만을 계속했던 그이었다.

얼핏 봐서는 거칠게 보이고 메마르고 깐깐한 성품 같아 보이지만, 내면에 감추어진 심성은 이른 봄날 물오른 버드나무처럼 유연하고 가녀리기 짝이 없었다. 정이 넘쳐 그의 집이나 공방을 방문한 사람에게 일일이 차를 대접하고, 빈손으로 돌려보내는 일이 거의 없었다. 어렵게 장만한 수석이며, 손수 다듬은 목 조각이며, 정성들여 가꾼 돌그릇에 담긴 앙증맞은 들꽃 하나라도 손에 들려줘야 직성이 풀리는 그런 성품이었다.

때로는 가까이 지내던 사람이 불행한 일을 당하면, 자신도 넉넉지 못한 형편임에도 불구하고 무리다 싶을 정도로 조의를 표하는가 하면, 장례식이 사나흘이 걸려도 주위에서 서성대기를 주저하지 않았다.

함께 여행을 해 보면 그 사람의 심성을 파악할 수 있다는 말이 있다. 그와는 우연한 기회에 백두산 배낭여행을 세 차례나 다녀왔다. 식성도 까다롭지 않은데다 잠자리가 다소 불편해도 군소리 하나 없이 현지에 잘 적응하는 성품을 그는 지니고 있었다. 손재주도 남달라서 그의 집에는 원형과 똑같은 모양을 재현해 놓은 목 조각들이 수없이 진열되어 있기도 했다.

야생화만 해도 애기바위솔, 실타래난, 병아리난초, 아니면 동토 속을 비집고 올라온 설앵초나 물매화같이 키 작은 앙증맞은 들꽃을 따뜻한 심성만큼이나 특별히 선호하기도 했다.

산이 좋아 노년에 찾아간 곳이 지리산 천왕봉이 바라뵈는 경호강변이었다. 폐가를 사들여 널따란 정원을 갖추고 공방과 전시실 그리고 벽난로와 황토방이 있는 친환경 집을 손수 지어 안주했다.

오랜 기간에 걸쳐 수집한 수석이나 야생초는 말할 것도 없고, 어렵게 모은 서화나 골동품들도 온 방에 가득 채워져 있었다. 희귀한 수석들은 큰 궤짝에 차곡차곡 쌓아 두었다고 가끔 자랑을 하긴 했지만 한 번도 그 안을 들여다본 적은 없다. 다만 혼자만이 공유하는 시간이 오면, 살며시 꺼내보는 즐거움이 그가 가지는 유일한 낙이라 했다.

30여 년 전, 상록취미회란 이름으로 각 분야에 각별한 취향을 가진 동호회를 결성한 것이 그와의 첫 인연이었다. 당시 분재에 심취해 있던 나로서는, 수석과 괴목을 다루는 그와의 교류는 자연히 빈번해질 수밖에 없었다.

그의 고향은 함경도 함흥 땅이다. 조상 대대로 그곳에서 터 잡아 온 그는 비교적 여유가 있는 가문의 장남으로 태어나 별반 어려움을 겪지 않고 비교적 순탄한 환경에서 성장해 왔다. 17세 되던 해 6·25전쟁이 일어났는데, 당시 학제로 중학교 4학년에 재학 중이었다. 이목구비가 또렷하고 사람을 끌어당기는 듯한 까만 눈동자는 이웃에 주둔해 있던 미군들에게 마스코트로 상징될 정도로 사랑과 시선을 독차지했다. 그들이 머물던 두어 달 동안, 그의 눈에 비친 미군 병사들의 병영 안은 그동안 보아온 것과 다른 새로운 풍물들은 새로움과 신비함을 그에게 안겨 주었다.

그러던 어느 날, 아침부터 부대에 주둔해 있던 군인들의 움직임이 바빠지면서 주위가 어수선해지기 시작했다. 영문을 모른 채 떠밀리다시피 하여 미군들과 함께 트럭에 올랐다. 뽀얀 먼지를 뒤집어쓰고 얼마를 갔는지 기억이 희미하고 아련한 생각이 머리를 스치는 순간, 눈을 떠 보니 어느 낯선 부둣가였다. 그리고 서둘러 미군이 시키는 대로 배를 탔는데 배 안에 선채로 끼니도 때우지 못하고 닷새나 걸려 도착한 곳이 남녘 땅 부산항이었다.

지금으로부터 5년 전의 일이다. 처음 백두산 여행길에 올랐을 때 그의 건강이 좋지 않다는 사실을 비로소 알게 되었다. 천지연으로 가기 위해 비룡폭포를 지나 가파른 계단을 오르는데 숨이 차오르고 호흡 곤란을 일으켜 절반도 못 가서 그는 주저앉고 말았다. 거의 빈사상태여서 어떻게 해야 할지 갈피를 잡지 못했다. 위급한 상황이라 멀리 있는 중국 공안원을 불러 손짓발짓으로 구원을 요청했다. 그는 이곳에 오기 전, 천지에는 꼭 올라야 한다는 말을 입버릇처럼 되뇌곤 했다.

가다 쉬기를 수십 번 반복한 끝에 천지는 눈 속에 갇힌 채 눈앞에 모습을 드러냈다. 계절은 봄이었지만 눈 덮인 천지는 침묵만을 지킨 채 아무 말이 없었다. 잠시 숨을 몰아쉬고 있는데 짊어지고 온 조그마한 배낭 속에서 소주 한 병과 잔 두개를 끄집어냈다. 잠시 후, "어머니! 아버지! 불효자식을 용서해 주십시오. 저 종근이 이제 부모님 가까이 와서 이렇게 큰절 올립니다." 그러다 이

내 쓰러져 대성통곡을 하는 것이었다. 곁에서 그 광경을 물끄러미 바라보던 나도 덩달아 울음을 삼켜야만 했다. 살아생전 저지른 불효를 조금이나마 가까이에서 용서를 빌고자 그동안 참아왔던 망향의 눈물을 한꺼번에 쏟아냈던 것이리라.

그동안 행동에는 별반 불편함을 느끼지 않던 그가 어느 날 허리 디스크 수술을 하기 위해 병원에 갔는데, 진단결과 폐가 정상이 아니라서 일단 기운을 돋우고 난 뒤 수술을 할 거라 했다. 그런데 뜻밖에도 폐렴이라는 합병증을 얻은 지 꼭 열흘 만에 그가 살아온 인생역정만큼이나 숱한 잔영들을 남겨둔 채 말 한 마디 남기지 못하고 돌아올 수 없는 길을 가고 말았다.

그가 평생 곁에서 다듬고 어루만지던 목 조각과 수석 그리고 야생화들을 고스란히 두고 70 중반을 넘어선 나이에 조용히 영면하고 말았던 것이다.

그는 언제나 자연의 순리대로 살아가기를 갈구했다. 나를 위해 남을 해치지 않는 겸양, 작은 몸짓 하나에도 혼자만이 가지려는 마음보다 함께 공유하며 더불어 살기를 염원했다.

짧지 않은 생을 하루같이 살다간, 그의 영혼은 지금쯤 어느 계곡 어느 산기슭을 헤매고 있을까. 이른 봄에 화사하게 피는 설앵초 만나러 지리산 후미진 골짜기로 함께 나들이 가기로 약속한 봄은 이미 내 곁에 와 있는데…….

밤하늘의 별

 오래전부터 인기를 독차지했던 모 방송국 라디오 프로그램에 「별이 빛나는 밤에」라는 프로그램이 있다. 그냥 줄여서 '별밤'이라 부르기도 했는데, 처음에는 명사들과의 대담 프로그램으로 시작되다가 인기 DJ의 출현으로 심야 음악 프로그램으로 40여 년 넘게 인기를 끌어오고 있다. 그중에서도 이문세는 10여 년간이나 진행을 맡아, 밤의 교육부 장관이라 부를 정도로 큰 영향력을 행사하기도 했다.

 내 유년 시절, 여름철이면 남강 변 방천 둑에 멍석자리를 펴 놓고 밤하늘에 무수히 반짝이는 수많은 별들을 바라보면서 어린 꿈을 키워왔던 기억이 새삼 되살아난다. 그 수많은 별들은 모두 어디로 갔을까. 밤하늘의 별이 종적을 감추고 있다고 한다. 칠흑같이 어두운 밤에 보석처럼 빛나던 별들은 이제 두메산골이나 천문대에서나 볼 수 있는 세상이 되고 말았다.

이대로 가다가는 북극성, 오리온좌, 시리우스, 카펠라, 포말하우트, 레굴루스 등 어릴 적 신비로 다가오던 별들이 신화 속에나 존재하는 이야기가 되고 말 것이다.

인구가 기하급수적으로 늘어나고 과학기술이 발달함에 따라 생태계에서는 뜻하지 않은 문제가 생기는 것이 밝혀졌다. 사람이 많아지니까 쓰레기도 많아지고, 이 쓰레기는 생태계의 환경을 망쳐 놓은 결과를 가져온다. 이제까지 깨끗하던 개울물이 여러 집에서 나오는 하수도 물로 더러워져서 그곳에 살던 물고기가 죽고, 플라스틱같이 썩지 않는 쓰레기가 땅에 쌓여 식물들이 살기 어렵게 된다. 자동차가 뿜는 유독 가스, 공장 굴뚝에서 나오는 해로운 물질이 공기 속에 섞이니까 그 공기를 마시며 사는 동물과 식물이 뜻하지 않은 병에 걸려 죽게 된다. 이렇게 되면 생태계에는 걷잡을 수 없는 혼란이 일어나 평형이 깨지기도 한다. 밤하늘에 별이 사라진 것도 앞에서 언급한 바와 같이 대기오염의 탓도 있겠지만, 도심의 야간조명이 눈부신 탓일 수도 있다. 별 없는 밤하늘은 빛 공해가 더 이상 생소한 일이 아님을 일깨운다.

지나친 야간 조명으로 말미암아 에너지 낭비는 물론, 생태계를 교란하고 인체에도 해롭다는 연구 결과까지 속속 나오고 있어도 별 반응이 없어 보인다. 서구 여러 나라에서는 오래전부터 빛 공해의 심각성을 인식하고 대책을 내놓기 시작했다. 미국은 20여 년 전부터 100개 이상의 도시에서 '빛 공해 방지 조례'를 제정했다고 한다. 가로등 불빛이 공중으로 흩어지는 것을 막고, 빌딩이 밀집한 도심을 제외한 집 안이나 거리, 공원도 적당하게 어둡기만 하다는 것이다. 이는 밤을 밤답게 하는 자연스러운 발상인 동시에 동식물도 잠을 잘 수 있게 하려는 배려도 담겨 있다.

툭하면 냉난방 온도를 몇 도 이상으로 하면 안 된다고 단속을 하는가 하면, 절전을 해야 한다고 한목소리를 내고 있지만 실은 그렇지 않은 게 지금 우리의 현실이며 현주소인 것이다. 우리의 도심 야간조명 또한 거꾸로 가는 추세다. 자신의 건물을 돋보이게 하려는 불빛은 아무런 규제도 받지 않은 채 일반 서민들은 빛의 폭력에 시달리고, 여기에 한몫을 더해 옥외 야간 광고나 네온사인도 예외는 아니다. 교량의 불빛도 마찬가지이다. 분주히 오가는 차량의 불빛도 현란한데 다리의 위아래 할 것 없이 오색찬란한 빛으로 시야를 흐리는가 하면, 그것도 모자라 고풍스런 문화재나 성곽 같은 곳에도 예외 없이 현란한 조명으로 시야를 흐리게 한다.

어느 날, 길을 지나는데 전신주에 이런 글귀가 씌어 있었다. '전기는 국산이지만 원료는 수입산입니다.' 옳은 말이다. 지금처럼 무분별한 야간조명은 에너지 과소비 측면에서도 자제되어야 한다. 우리의 경제사정이 좋은 것도 아닌데 막대한 예산을 야간조명에 쏟아부어야 하는지 심히 걱정이 앞선다.

밤하늘은 단순히 밤하늘이 아니다. 거기에는 철학, 종교, 예술, 과학 같은 인류 문화를 만들어낸 창의성의 원천이었다. 광대무변한 우주는 우리 인간의 상상을 초월하는 곳이다. 이는 공간의 문제가 아니라 차원의 문제이다. 우주는 여러 차원이 한데 섞여져 있는 또 다른 다차원의 세상이다. 천문학자나 물리학자들이 말하는 우주는 우리가 이해할 수 있는 범위 안에서 기하학적으로 바라보고 측정된 우주일 뿐, 그것이 실제의 모습이라고 말할 수 없다고 한다. 이토록 광대무변한 우주를 우리의 눈으로 관찰하면서 우리의 존재 탐구에 대한 본성을 일깨워야 한다.

밤하늘을 살리는 길은 자연생태계를 살리는 일이며 밤은 어두워야 동식물이 휴면하고 그들을 보전하는 일인 것이다. 빛의 공해를 억제하고 에너지를 절감하며 환경을 보전할 수 있도록 불필요한 야간조명은 줄여야만 한다. 빛이 소중하듯 어둠 역시 소중하기 때문이다.

석류나무 한 그루

내년이면 나도 칠순 고개를 넘는다.

젊은 날엔 가끔 정지된 듯한 시간 앞에서 안달을 부릴 때도 더러 있었다. 엊그제 회갑이라고 부산을 떨며 흘러간 시간들을 무척 원망했던 것 같은데, 마치 홍두깨 놀음에 놀아난 느낌만 들 뿐이다.

서른을 1년 앞두고 결혼하여 딸 셋에다 막내로 아들을 두었으니, 두고두고 내가 할 일을 다 했다는 느낌으로 후회 없이 긴 세월을 잘 살아왔다.

딸들은 용케도 스스로 짝을 지어, 2년 간격으로 무사히 혼사를 치를 수 있었으니, 중매 때문에 신경 쓸 일도 양가 집안끼리 저울질할 일도 없었다. 지금까지 부모 마음 안 썩히고 그런 대로 단란한 가정을 꾸려가고 있으니, 그나마 다행이라 여기고 있는 터이다. 거기에다 멀리 떠나 살지 않고 내가 사는 이곳 진주에 도란도란 모여 있으니, 보고플 땐 쉬이 볼 수 있고, 수시로 친정이랍시고 들락거리니 더더욱 좋기만 하다.

명절 때가 되면, 외손까지 합세하고 서울 있는 아들 내외까지 가해지는 날이면, 적요했던 집 안이 온통 북새통을 이루기도 한다. 이럴 때는 새삼 자식 키운 일이며, 사람 사는 맛이 무엇인가를 어렴풋이 느끼기도 한다. 큰애가 딸 둘에 아들 하나, 둘째가 딸 하나에 아들 둘, 셋째가 딸 하나를 두었으니, 자손이 귀한 집안은 아닌 것 같다는 생각마저 든다. 어떻게 보면 저출산 때문에 나라가 어려움에 직면하고 있는 현실을 감안해 보면 크게 일조하고 있는 셈이라고 할 수도 있겠다.

그런데 어찌된 영문인지 아들 녀석은 장가를 보낸 지 꽤 오래인데 통 소식이 없었다. 서로가 직장에 매여 있어, 한숨 돌리고 난 뒤 천천히 아이를 낳을 것이라고 막연한 예감만이 전부였는데 알고 보니 그게 아니었다.

뒤에 안 일이지만, 한의사인 그의 매형이 약을 여러 첩 지어 보내기도 하고, 이름 있는 병원 문을 수없이 들락거렸지만, 두 사람 모두가 이상이 없다는 진단만 거듭 나올 뿐, 막연히 기다리는 수밖에 별다른 방법이 없으리라.

가끔 안부를 물어오는 사돈댁에서도 미안해하는 눈치고, 특히 내자의 부질없는 걱정도 시간이 흐를수록 그 도를 점점 더해가고, 나 또한 마음속 깊이에서 꿈틀거리는 욕망이 잔잔한 파문을 일으키기도 했다.

지난여름이었다. 시골 텃밭에서 잡초들과 한참 씨름을 하고 있는데, 내자로부터 한 통의 전화를 받았다. 며느리가 소화도 안 되고 속이 매스꺼워 다니던 병원엘 갔더니, 뜻밖에도 임신 2개월이라는 진단이 나왔다는 것이다. 뜻하지 않은 낭보에 놀란 내자가 얼떨결에 먹고 싶은 게 없냐고 물었더니, 해묵은 김치가 제일 먹고 싶다고 그러는데, 그곳 시골 동네에 수소문하여 꼭 좀 구해 오라는 것이다.

그의 고향은 강원도 강릉이었다. 그곳에는 가을에 담근 김장김치를 땅속에 묻어두었다가, 이듬해 김장철까지 두고두고 먹지만, 구정을 전후해서 모두 바닥이 나는 이곳과는 영 딴판인데 어떻게든 구해야겠다는 생각만이 머릿속을 꽉 채우는 순간, 지리산 아래 중산리 쪽으로 급히 차를 몰았다.

도시 생활을 청산하고 천왕봉이 바라뵈는 계곡 언덕배기에 아담한 집을 지어 이사했다는 친구가 떠올랐기 때문이다. 그가 살고 있는 집 뒤, 자연동굴이 있어 야채나 과일은 말할 것도 없고, 김치도 저장하여 오래도록 먹고 있다는 얘길 수없이 들어왔기 때문이다. 서둘러 찾았더니 부부가 반가이 맞아준다. 수다분한 안주인이 경사스러운 일이라며 양껏 가져가라는 정겨운 말을 빼놓지 않는다.

스티로폼 박스에 넣고 보니 안이 절반도 차지 않아, 시장에 급히 달려가 호두 1되를 사서 넣었는데도, 빈자리가 유난히도 커 보여 큼지막한 복숭아 5개를 넣고 나니, 그제야 제대로 모양새를 갖추고 속이 꽉 찬 느낌이 들었다.

그 일이 있은 후, 한 달이 멀다하고 인터넷으로 태아 사진을 동영상에 담아 본격적으로 보내오기 시작했다. 내가 보기엔 그 모습이 그 모습이고 별반 다른 것 같지도 않은데, 신기함을 감추지 못하는 아들 내외의 질문 공세에 부대끼는 숱한 날들도 함께 있었다.

예정일을 일주일 앞당겨 무사히 순산했다. 산모의 고통이야 이루 말할 수 없었겠지만 산모와 아기 모두 건강했다.

결혼 7년 만에 고추 달린 손자를 본 것이다.

평소 가까이 지내는 지인에게 작명을 의뢰했다. 을유乙酉 무인戊寅 무자戊子 술시戌時라, 후세에 이름을 크게 떨치며 많은 사람들을 거느릴 보기 드문 좋은 사주四柱라는 극찬과 함께, 호사다마好事多魔라는 말이 암시해 주는 의미를 깊이 되새기며, 매사에 조심하면서 살아가는 게 좋을 거라는 당부도 빼놓지 않았다. 이름은 끝 항렬자 식植자에 태太자나 원元자를 붙이면 좋을 것 같은데, 내게 의향을 물어 왔다. 몇 번을 망설이다 부르기에 약간의 강한 느낌이 드는 태식太植이라 부르는 게 좋겠다고 했더니, 같은 생각이라며 동조를 해 온다.

한참 뒤, 며느리가 잘 다니는 사찰의 고명한 스님이 아이를 낳으면, 꼭 나무 한 그루를 심으면 좋을 것이란 얘길 몇 차례에 해 왔는데, 내게 의향을 물어 왔다. 뜻밖의 제의에 순간 당혹스럽기도 했지만, 곰곰 생각해 보니 많은 의미를 남길 것 같았다.

순간 머릿속은 갖가지 나무들이 마치 패션쇼를 하듯, 특유의 모습을 뽐내며 내 앞을 스치며 하나둘 스쳐갔다. 상록수보다는 낙엽수, 그중에서도 열매를 풍성히 달 수 있는 나무, 그리고 토양을 가리지 않고 척박한 땅에서도 잘 자라는 나무가 제격이라는 생각이 들었다. 초여름에 짙은 주홍색 꽃을 달아내고 가을엔 홍보석의 빨간 열매를 달아내는 석류나무, 그 석류나무가 거듭 진한 영상을 그리면서 선연한 자태로 내 앞에 다가서는 게 아닌가.

어제 선산 가장자리에, 구덩이를 파고 부드러운 흙을 다져가며 이제 세상과 마주친 1년생 석류나무 한 그루를 심었다. 봄 가뭄이 예사롭질 않아 물을 떠다 흠뻑 주고 나니, 만감이 교차되고 또 다른 부푼 기대에 젖어드는 자신을 비로소 찾아낼 수 있었다. 뜻을 같이했음인지 간밤에 하늘에선 애타게 기다리던 봄비를 흡족히 내려줬다.

조금 전 아들 녀석으로부터 들어온 문자 메시지. 열어보니 인터넷 첨부파일로 사진을 9장이나 보내왔다. 며칠 전 산후조리원에서 본 모습과 별로 달라진 것 같지도 않은데. 고슴도치도 제 새끼는 앙증맞고 귀엽다고들 한다는데……. 오랜 시간 기다렸던 보상심리였을 것이라 생각하니, 나 또한 같은 기류를 타고 있는지 마음 한구석이 넉넉함으로 자리 잡는다.

옛말에 '자식을 낳아 봐야 부모 마음을 안다.'고 했는데, 그 말이 새삼 머릿속에 자꾸 맴돌고 있다.

시클라멘

 찬바람이 살을 에는 혹독한 겨울이다. 해가 구름 속으로 숨바꼭질을 하고, 진눈개비가 내렸다 그치기를 반복하고 있는 나의 베란다 창가에는, 스무 개도 넘는 화분 속의 시클라멘이 나비가 되어 한꺼번에 하늘을 향해 비상하려는 자세를 취하고 있다. 눈여겨 살펴보니 밖으로 젖혀진 꽃잎은 어김없이 다섯 장으로 빨강, 분홍, 흰색이 서로 조화를 이루고 있다. 꽃대 역시 꽃잎과 똑같은 색을 띠고 하트형 잎은 마치 고구마 잎처럼 생겼는데 가장자리는 톱니 모양으로 굵은 줄무늬와 반점이 희미하게 연속으로 그어져 있는데 쳐다볼수록 신비롭기만 하다.
 만추의 계절, 가을이 서서히 저물어갈 때면 꽃을 좋아하는 사람들에게 고민이 생기기 시작한다. 겨울의 황량한 계절을 어떻게, 무슨 재미로 나야 할 것인가. 물론 겨울에 꽃이 피는 동백이나 한란, 서양란의 일종인 심비디움도 있고, 제라늄 등이 있긴 하나 마음을 사로잡는 화사한 색을 대신하기에는 어딘가 조금 모자란 느낌이 있다.

70년대 중반쯤의 일이다. 당시 살림살이가 꽤나 여유가 있어 보이는 지인의 집에 우연히 들를 기회가 있었다. 집 안에 들어서니 거실 한편에 귀한 벽난로가 놓여 있고, 소파가 있는 양지바른 곳에 토화분에 담긴 탐스런 꽃과 마주친 적이 있다. 엄동설한에 핀 새빨간 꽃, 하도 신기해서 넋을 잃고 한참을 바라보다 조심스레 넌지시 물었더니 시클라멘이라 했다. 난생처음 들어보는 이름이라 몇 번을 되뇌면서 집으로 돌아오던 기억이 지금도 생생하다.

당시만 해도 모두가 먹고사는 일에 급급했던 때인지라, 집 안에 거실이 있다거나 소파를 들여놓는다는 일은 결코 흔한 일은 아니었다. 더군다나 벽난로가 있는 거실에서 한겨울에 꽃을 감상한다는 것은 먼 동화 속의 꿈나라 이야기로 생각할 수밖에 없던 그런 시절이었다.

이 일이 있은 후 우연히 꽃가게 앞을 지나게 되었는데, 햇볕이 잘 드는 진열장에 뜻밖에도 문제의 그 시클라멘 화분이 환한 미소로 나를 향해 손짓을 하고 있는 게 아닌가. 가게 주인과는 평소 친히 잘 지내는 터라 내게 양도해 달라고 했더니 의외의 대답이 나왔다. 서울에 살고 있는 지인으로부터 선물로 건네받은 것이기 때문에 매물로 내놓은 것이 아니고 가게의 마스코트로 진열해 놓은 것이라 했다. 나의 애절한 눈빛에 감동을 받았음인지 뜻밖에 시클라멘을 전문으로 재배하는 곳을 내게 찬찬히 알려주는 것이 있다. 그가 가르쳐준 곳은 화훼전문 농장이 아닌 대구에 있는 어느 가정집이었는데, 귀하게 다루는 꽃이라 여간해서 분양받기 어려울 것이라는 말도 빼놓지 않았다.

추위가 절정에 달하던 휴일 어느 날 시외버스를 타고 무작정 대구로 향했다. 그려준 약도를 들고 꼬불꼬불한 골목길을 몇 굽이나 돌아 헤매던 끝에 가까스로 집을 찾아낼 수 있었다. 대문에 걸린 문패와 이름을 몇 번이나 확인한 끝에 조심스레 문을 두드렸더니, 이윽고 나이 지긋해 보이는 주인이 나오더니 뜻밖에 멀리서 왔다며 무척 환대해 주는 것이 아닌가.

집 안에 들어서니 자연석과 나무들로 둘러싸인 널따란 정원이 내겐 꿈의 궁전 같은 곳으로 느껴졌다. 가리키는 대로 뒤따라갔더니 양지바른 한편에 유리 온실이 있는데, 안으로 들어서니 한겨울인데도 온통 이름 모를 꽃으로 꽉 들어차 있었다. 눈을 돌리니 내가 찾던 그 시클라멘이 온실 한쪽 구석 토분에 심어져 있었는데, 모두가 선홍색으로 어림잡아 서른 화분은 되어 보였다.

얘기를 들어보니 일찍이 공직에서 물러나 화훼에 취미가 있어, 여기저기서 희귀식물을 모아 오던 중, 우연히 외국 서적에서 본 시클라멘에 매료되어 수년 전 일본에서 종자 몇 알을 어렵게 구해와 배양하며 키우고 있는데 절대 판매는 하지 않는다고 했다. 떼를 쓰다시피 하여 겨우 화분 두 개를 분양받을 수 있었다. 밖으로 풍기는 외모처럼 나무와 꽃을 사랑하는 심성과 부지런함이 고스란히 배어 있는 것 같아 고마움에 절로 고개가 숙여졌다.

요즘은 계절을 가리지 않고 다양한 품종의 꽃들이 사람들의 눈을 현혹하고 있다. 특히 시클라멘은 한여름을 제외하고 다양한 색깔의 화분들이 꽃 가게마다 지천으로 널려 있음을 본다. 화분의 모양이나 색깔도 다양하고 거의가 사기로 만든 화분이 아니면 플라스틱 화분이 대부분이지만, 당시만 해도 화분이라 하면 흙으로 빚어 만든 토분이 거의 전부였다. 화분 두 개를 건네받고 신문지에 여러 겹으로 곱게 싼 뒤 종이 박스에 담아 끈으로 묶었는데 그 무게가 만만치가 않았다.

그 뒤 몇 해를 두고 채종을 해 파종을 해 보기도 하고, 까다로운 품성도 알아내면서 오랜 시간 시클라멘과 함께해 온 일상의 나날이었다. 가녀린 몸매, 연약한 줄기에서 하얀 너울을 쓰고 세상 밖으로 고갤 내밀 때가 오면 이미 내일의 밝은 미래는 약속되는 것이다. 이토록 숱한 세월을 그들과 함께하다 보니, 어느새 나의 심성은 그를 닮아 내가 살아가는 즐거움의 하나인 동시에 보람의 연속이 되고 말았다.

시클라멘은 그 흔한 꽃들과는 달리 유독 여름을 무척 싫어한다. 특히 한여름이 되면 더위에 허우적거리며 강한 햇살에 잎이 오그라들면서 겨우 명맥만 유지하고 있는 걸 볼라치면 공연히 안쓰럽기까지 하다. 이럴 때면 서둘러 통풍이 잘되고 시원한 그늘에 두고 여름잠 재우기를 한다. 여름잠을 잘 때는 잎은 거의 없어지고 알뿌리만 남는다. 그러다가 서늘한 바람이 불고 사람들의 발걸음이 빨라지기 시작하면 긴 침묵을 깨뜨리고 구근 가장자리에서 파란 잎이 나오고, 이에 뒤질세라 가녀린 꽃이 하얀 얼굴을 내밀면서 수많은 봉오리를 달아내기 시작하면 계절은 이미 9월로 접어들게 된다.

초가을에서 늦봄에 이르기까지 쉼 없이 꽃을 달아내는 힘, 영하의 날씨에도 끄덕하지 않고 눈부시게 현란한 꽃을 연달아 피워내는 그 힘은 과연 어디서 나오는 걸까.

조선 후기 문신 이정보는 국화를 두고 낙목한천落木寒天에 홀로 피었다며 오상고절傲霜孤節을 지킨 국화를 찬양했는데, 비록 서양에서 들어온 꽃이긴 해도 가을로 접어들면서 한겨울 내내 초봄에 이르기까지, 지는가 하면 다시 피어나는 강한 생명력을 지닌 시클라멘. 그 시클라멘을 언제까지나 곁에 두고 찬탄하고 싶은 마음 간절할 따름이다.

어떤 인생

 늦가을이다. 짧은 해는 아차 하는 순간에 조락의 계절을 황혼으로 물들이고 몇 잎 남지 않은 나뭇가지에 옅은 어둠을 드리운다.
 휴일이면 찾아 나서는 산행이다. 근년에 들어서는 산이나 계곡을 찾기보다 인근의 작은 암자나 사찰을 끼고 있는 야산의 능선을 타는 묘미에 한껏 취해 본다. 아직 문명의 혜택을 크게 받지 않은 농가의 소박한 살림을 엿보면서 어린 시절의 정취를 느끼는 것도 좋지만, 뜻하지 않은 곳에서 적조했던 옛 사람을 만날 수 있는 해후가 무엇보다 내 발을 끄는 것이다.
 그를 마지막 본 것은 몇 해 전 여름, 한낮의 열기가 절정에 달하던 낮 시간이었다. 남강이 내려다보이는 강변의 꽤 넓은 터에 아무렇게나 얽어 만든 누옥이 별난 그의 성정이나 살아온 내력을 입증하는 듯한 집에서 살았다. 타고난 손재주로 벌어들이는 잔

수입과 낙천적인 기질 탓에 사는 데는 별반 어려움이 없어 보이는 그였다.

평상에 누워서 돌아가는 선풍기 바람을 쐬고 있던 그가 잠을 깬 것은 키우고 있던 개들이 낯선 이방인을 향해 짖어대는 소리 때문이었다. 부리부리한 눈매에 사 대가 갖은 그의 외양은 젊음이 이미 물러간 나이임에도 사람들의 호기심을 사기에 충분했다. 실은 자세히 보면 특유의 풍파가 주름 밑에 혼연히 새겨져 있음을 알 수가 있지만 오히려 그것이 완만한 여유를 한 겹 더 얹은 듯 멋스러운 나이였다.

내가 보기에는 그가 살아온 삶이 남달리 험난했거나 그렇다고 퍽 순탄한 생활이었다고 단정지을 수는 없겠으나, 가족이나 혈육에 대한 애틋한 정을 나누는 평범한 것 하고는 거리가 먼 사람임에는 틀림이 없었다. 타고난 역마살 때문인지는 몰라도 오랫동안 한곳에 머무는 것도, 생계를 위해 구체적인 계획을 갖고 있는 것도 더더욱 아닌 듯했다. 바람처럼 떠돌고 구름처럼 어느 한 곳에 머물기를 꺼리는 그의 기질은 한 집안의 가장으로서의 구실도 부모로서의 책임을 다하지 않는 태도의 연속이었다. 그러기에 그의 안식구가 겪어야 하는 고충은 말할 필요도 없을 것이다.

전국 팔도를 좁다고 누비면서 골동품이며 민화며 고서적 등을 모아 비싼 값에 내다 팔기도 했고, 원근 각처를 떠돌아다니면서 고물상을 차려 꽤 많은 수입을 올리기도 했다. 그래서인지 그가 거처하는 곳곳에서는 옛 조상의 숨결을 느낄 수 있는 물건들을 쉽게 접할 수 있는 계기가 되었고, 그가 지니고 있는 문화재에 대한 해박한 지식은 방대하면서도 어느 정도 정확하기도 했다. 명석한 판단과 관찰력은 남들이 추종할 수 없을 정도였으며, 호방한 성격 탓으로 그의 곁에는 언제나 사람들로 붐볐다. 그가 겪은 인생은 그 누구보다도 체험적이었고 그랬던 것만큼 삶의 기복이 꽤나 심했다.

  그런 그의 소식을 접한 것은 산행 중의 우연한 행운이었다. 그는 어느새 불제자로 입적하여 속세의 연을 끊어버리고 부처의 길을 걷고 있는 중이었다. 어느 순간 느닷없이 사라졌던 그의 행적도 묘연했지만 뜻밖에 그가 스님이 되었다는 사실은 더욱 놀라운 일이었다. 한동안 그의 소식을 들을 수 없었을 때의 그의 자취를 알고 싶은 내 마음은 몹시도 허전했다. 늘 허물없이 마음을 터놓기도 했던 그였기에 단절된 이후 무엇인가를 손에 쥐었다가 금방 잃어버린 사람처럼 내 마음은 허허롭기만 했다. 은연중에 오갔던 얘기며 그가 내게 들려준 인생역정이야말로 그의 속마음을 그대로 내게 보여준 증표로 인식되어졌다. 생활 속에서 맺은 관계와는 약간 다른 그와의 만남은 내게 많은 생각을 하게 만들었다.

  가을이 그 깊은 속살을 빈 가지로 드러내기 시작하는 때 만사를 제치고 그가 거처하는 '관음사' 선방으로 향했다. 자그마한 산사였다. 주변의 경관은 여느 절이나 다름없이 산을 등지고 트인 전망을 앞으로 안고 있는 소박한 분위기였다. 타고난 손재주로 그가 그린 처마 밑 단청은 전문가를 무색게 할 만큼 수준급이었다. 그곳에서 그는 민화를 그리기도 하고 동양철학의 역술을 공부하면서 신도들의 사주나 관상을 봐 준다고 했다. 위낙 준수한 용모인지라 그의 얼굴을 보고 찾아오는 신도들도 꽤 되겠다는 내 말에 씩 웃으며 부인하지 않겠다는 여유까지 보였다.

어떤 형태의 물건이든 간에 한 번만 보면 단박에 판에 박은 듯한 모사품을 만드는 가공할 만한 실력으로 목공예, 조각, 서예, 민화 등으로 하루해가 속절없다 할 만큼 분주한 시간을 보낸다고 했다. 불교서적도 두루 섭렵하여 그가 거처하는 승방에 승려의 신분증이라 할 수 있는 도첩度牒이 걸려 있었다. 승려로서 갖추어야 할 자태며 단정한 말솜씨가, 여지없이 오랫동안 마음을 닦고 속세와의 인연을 끊은 고승의 얼굴을 그대로 닮아가고 있었다.

처음에는 절에서 기거하는 그것이 생존의 또 다른 방법으로 그가 마지막으로 선택한 사람이라 여겼던, 나의 속된 생각이 크게 빗나갔음을 깨달았다. 숱한 경험의 축적과 방황의 연속이었던 그의 일상이 결국은 오욕칠정의 인간 세상을 등지게 만든 것이라고 단순히 생각했다. 그러나 달랐다. 아니 그는 너무 많이 달라 있었다. 그는 진심으로 불교에 귀의하여 지난 세월을 잊고 싶은 눈치였다. 걸리적거릴 인연의 끈을 모두 없애고 나면 길 위에 아무렇게 굴러다니는 돌멩이처럼, 피어 있는 들꽃처럼 그렇게 순수하고 편안한 자연의 일부분으로 남을 수 있을 거라고 믿는 그의 마음을 헤아릴 수 있을 것 같았다.

그가 부러웠다. 어디서 시작되었다가 어디에서 끝날지 모르는 것이 인생의 오묘한 의미라 한다면, 굳이 어느 한곳에 집착할 필요도 무엇인가에 자신을 걸고 살아야 할 이유도 없을 것이다. 보이지도 않는 야망의 세월 저편을 기다리며 욕망의 허울에 진실을 잃고 사는 것보다, 물이 높은 곳에서 낮은 곳으로 흘러가는 것처럼 그렇게 생애를 속박 없이 살아가는 것이 보다 현명한 삶이 아닐까. 인간으로서 누릴 수 있는 자유로움의 가장 근원적인 심오함을 실현할 수 있는 것이 아닐까. 결국 인간은 혼자라고 하지 않던가 말이다.

오로지 마음을 비울 일이다.

의연한 당신의 자태

 내가 살고 있는 2층 창가에서 바라보면 담 밑의 채석장이 한눈에 들어온다. 화강석을 깨고 대리석을 다듬고, 반듯한 돌 위에 글자 새기는 소리가 봄을 깨우고 있다.

 백목련 꽃잎이 지듯 떨어져나가는 돌조각이 수북이 쌓이고 수건을 뒤집어쓴 육십 석수장이의 더부룩한 얼굴은 먼지에 쌓여 있지만 눈빛은 야무지게 빛나고 있다.

 평생을 외길로 돌을 타고 앉아 고집스럽게 자신의 인생을 쪼는 저 가슴속에는 온갖 회한과 역경이 깊이깊이 패이고 있으리라.

 불현듯 올려보는 얼굴, 나는 그만 눈을 감아 버렸다. 나의 선친이 거기에 있는 듯한 환영幻影 때문이다.

 우리 형제는 공주 하나 없이 고추만 여섯이다. 부귀다남富貴多男, 선친께서는 꽤나 욕심이 많으셨던지 형님 셋을 두고 이미 지명知命을 넘겼음에도 나와 동생 둘을 더 낳은 것이다. 당시의 시대가 대여섯은 되어야 자랑스럽고, 안심이 되는 경우였겠지만 그것도 여섯 형제를 고추만으로 줄을 세웠으니 아들 부잣집 행세도 당연하였으리라.

저 채석장의 무게 넘치는 대리석 여섯 덩이만큼이나 선친께서는 믿음직스러운 집안의 기둥으로 늘 헤아렸을 것이다.

내가 철이 들 무렵에는 회갑을 훨씬 넘기신 뒤의 일이기에 머릿속에 남아 있는 당신의 모습은 백발뿐이었다.

대리석처럼 화안한 얼굴에 깊은 주름이 패이고 오직 돌의 무거움으로 자신의 자리를 근엄하게 지키시던 단정한 모습, 안으로 안으로만 내연內燃하시며 침묵으로 여섯 형제를 부리시던 그 힘은 무엇이었을까. 지금도 말만 앞세우는 나의 처지로서는 이해할 수 없는 것이다.

아무리 기억해 보려고 해도 흐드러진 웃음 한 조각이나 몸짓 한 번을 떠올릴 수 없다. 걸음걸이마다 당신의 의연함과 정도正道를 걸으시는 위풍만이 남아 있을 뿐이다. 늘 안방에서 의관을 정제整齊하고 글을 읽는 고고함만을 뿌려 주셨던 것이다.

이렇게 아버지의 외풍外風에 번지는 선비 같은 기질은 늘 당당하셨고, 학문의 연마는 물론 지조와 충절까지 가르친 것이 아닌가 생각된다. 인간의 도리와 의로움 앞에 우뚝 서 계시던 당신의 피를 우리 여섯 형제에게 나누어 주신 것이다.

매달이다시피 돌아오는 기제사에는 제수 준비에 당신의 모든 힘은 쏟아졌다.

조상을 모시는 일에는 남다르셨던 그 영상은 지금도 눈에 선하다.

6·25의 피난길에 당장 목숨을 부지하려고 허둥대고 있을 때인데도 제기와 병풍만은 꼭 챙기고 정갈한 제물과 입쌀로 봉제사를 지내시던 당신이었다.

당장 끼니 걱정을 당해야 하는 때에 "조상 없이 우리가 있느냐? 이럴 때일수록 선조를 잘 섬겨야자……." 이렇게 말씀하시곤 하였다.

또 있다.

집안 형편이 궁핍한데도 당신께선 모든 걸 참고 견디시며 40여 리나 떨어진 선산에, 오직 비석과 망주석, 상석을 소달구지를 이용하여 운반하고 이곳저곳 묘소마다 그것들을 세우셨다. 우리 여섯 형제는 구경꾼에 지나지 않았는데 당신은 끝내 그 힘든 일을 생전의 마지막 일로 알고 이루어 내시었다.

그리고 당신의 자리를 준비할 때에도 너무나 당당하셨다. 평소 친분이 두터웠던 지관地官의 도움으로 명당 자리를 고르셨다.

건너 보이는 산등성이가 소의 꼬리이고 이쪽이 몸통, 저 아래가 머리인데 이름하여 와우산臥牛山이라며 어린 내 손을 잡고 여러 곳을 가리키며 말씀해 주시기도 했다.

"소는 늘 여유와 안식이 있는데 풀 뜯다 누웠으니 오죽 명당이냐."라고 좋아하시던 모습이 지금도 눈에 선하다.

가묘假墓를 만들고 자주 들러 줄이은 선조의 묘소를 바라보시던 그 모습이 가슴을 에인다.

이제 모든 형제와 의논하여 당신 가신 지 서른두 해 만에 묘소에 석물을 안치하기로 결정했다.

당신 혼자서 그 옛날 선산을 돌보심이 극진하였는데 지금 여섯 형제가 함께 덤벼도 쉽지 않음을 생각하니 불효부제不孝不悌, 죄책감만 포개져 온다.

생각이 미천하여 이 글이 혹 부혜생아父惠生我해 주신 당신의 크신 뜻에 그릇됨이 아닐까 하여 적이 조심스럽기만 하다.

담 아래 채석장에는 오늘따라 상석 다듬는 소리가 유난히 크게 들려오고 있다. 당신의 고집과 그 의연함 같은 석수장이 손길이 또 힘차게 시작되는가 보다.

참(眞)이란 무엇일까

고등학교 때의 일이다. 담임선생님 댁에 방문한 적이 있었는데, 선생님 책상 머리맡에 한지에다 세로로 '忍'이라는 글자를 붓으로 써서 벽면에 붙여 놓고 계셨다. 16절지 정도의 크기로 세로로 이어져 있었는데 이상한 것은 위에서 아래로 내려오면서 점점 글자의 크기가 작아지는 것이었다. 맨 위 글자는 손바닥 크기 정도였고, 아래로 내려오면서 점점 작아졌는데 맨 아래 글씨는 쌀알 크기 정도는 되었던 것으로 기억된다. 하도 신기하고 이상해서 그 뜻을 물었더니, 선생님께서는 빤히 내 얼굴을 한참이나 쳐다보더니 환한 미소를 머금으면서, "이 글씨는 말이야 참고 참고 또 참고 참으면 만사가 편안해지고 세상일이 마음대로 잘 풀리는 법이며 참(眞)을 얻을 수 있다."라고 말씀해 주시는 것이었다.

당시에는 선생님이 내게 들려주신 그 뜻이 선뜻 이해가 되질 않았고, 가슴에 와 닿는 게 아무것도 없었다. 그저 심심해서 써 놓은 글인 것만 같았고 쉽게 납득이 가지 않아 연신 고개를 갸우뚱거리기만 했다. 세월이 흐르고 나이가 점점 들어감에 따라 그 때 들려주시던 선생님의 참뜻을 살아오면서 어려운 일이 닥칠 때 마다, 그 말을 되새기며 평생 교훈으로 삼으며 여태껏 살아온 셈이다. 이토록 한 스승이 제자에게 남긴 말 한 마디가, 평생을 살아오면서 깊은 감동과 감명을 일으켜 준다는 사실을 이제야 새삼 깨닫는다.

지나온 40여 년간을 학교 교육 현장에서 학생들을 가르쳐 왔다. 학교생활을 하다 보면 뜻하지 않은 일들이 벌어지는 것이 비일비재非一非再하다. 학교는 학생을 올바르게 바른 길로 교육을 시킬 책임이 있고 학생은 마땅히 스승의 가르침을 받아야 할 의무가 있다. 우리는 이를 두고 공교육이라고 흔히 말한다. 학년 초가 되면 학교 안팎이 뒤숭숭하기 마련이다. 학생들은 말할 것도 없거니와 교사들 역시 새로운 설렘으로 다가선다. 새롭게 반이 편성되고 담임선생님 발표가 있고 나면, 복도와 교실을 오고가는 학생들로 한동안 시끌벅적하기 마련이다. 눈여겨 살펴보면 친하게 지내던 짝지와의 이별에 서러워하기도 하고 원하지 않은 담임선생을 배정받은 학생은 풀이 죽어 죽는 시늉까지 하는 학생도 눈에 뜨이게 마련이다. 말 그대로 희비의 쌍곡선이 교차되는 순간인 셈이다.

교실 앞 벽면 중앙에는 태극기가 걸려 있고 바른쪽에는 교훈과 왼쪽에는 급훈이 걸려 있게 마련이다. 나는 학급 담임을 맡을 때면 언제나 급훈을 '참되게 살자'라고 걸어 두고 제자들에게 그 의미를 세세히 설명해 주기도 했다.

참이란 과연 무엇일까. 살아오면서 그 말이 지니고 있는 진정한 의미와 그 깊이를 가늠하기가 쉽지 않다. 사람 가운데는 참 좋은 사람이 있고, 참 나쁜 사람이 있듯이, 참되게 살기 위해서는 좋은 생각과 함께 좋은 행동, 그리고 좋은 말로 다른 사람들에게 새로운 기운을 실어주고 희망을 줄 수 있어야 하는데, 생각을 거듭해도 내 자신조차 시원스레 자신 있게 대답할 수 없으니, 내 자신 스스로가 인생을 헛되이 낭비한 것이 아닌지도 모르겠다는 생각이 앞선다.

생각해 보면 우리들의 생활 속에 참眞이란 참으로 많이 쓰이고 있음을 알 수 있다. 참두릅, 참개구리, 참게, 참고래, 참깨, 참꽃, 참나리, 참나무, 참사랑 등등 그 수를 헤아릴 수 없을 정도다. 참이란 과연 무엇일까? 한마디로 말하면 그 분야에서 으뜸이란 뜻이고, 좋고 충실하다는 뜻이 내포되어 있는 것 같다.

지난해 희수喜壽를 보냈으니 백 세百歲 시대를 구가하는 오늘날에 비하면 별스런 나이도 아니건만, 제대로 일구어 놓은 일 하나 없이 허송세월만 한 것 같아 마음이 편할 리 만무하다. 때때로 지난날을 돌이켜보면서 '나는 과연 참되게 살아왔으며, 누구에게 라도 누를 끼치지 않고 정직하게 양심대로 살아왔는가?' 스스로 자문을 거듭해 보지만 아무래도 자신이 없다. 보다 자신다울 수 있고 자신다움을 잃지 않는 일관성도 부족했고, 자신다움을 유지하고 사람들과 잘 어울리지도 못했고, 세속에 물들어 사리사욕만이 앞섰고 반목과 질시 속에 허우적거리면서 살아오지 않았나 하는 느낌뿐이다. 자신답게 살려면 조금은 부족한 것 같으면서도 조금은 모자란 듯이 인생을 살아가야 하는데 말이다.

장자莊子의 외편 천운편天運篇에 보면 공자님께서 "참眞이란 대체 어떤 것입니까?" 하고 장자에게 물었더니 "참이란 지성至誠을 말하는 것"이라고 하면서 "정성이 없으면 사람을 움직이게 할 수 없다."라고 말했다고 한다. 그래서 공자님께서 "정말 친절한 것은 웃는 얼굴을 짓기 전에 벌써 가까워질 수 있는 법이며, 모든 것이 참되면 그것이 밖으로 나타나기 때문이며 그래서 참되다는 것은 가장 귀중한 것이다."라고 말씀하셨다.

참이란 인생을 옳은 길로 인도하며 번영과 행복의 근원이며, 거짓은 인생을 망가뜨리는 불행의 근본이라는 말과 같이, 진眞이나 성誠은 모두 참에서 시작된 것이다. 참의 본뜻은 사실이나 이치에 조금도 어긋남이 없는 것을 의미하며, 이치와 논리에서 오직 진리를 의미하는 것이다. 한자로는 진眞을 의미하며 순수함과 정신적인 의미까지 포함되는 함축적 의미를 지니고 있는 것이다.

사람이란 남에게 겸손할 줄 알고, 여유롭고 의연함을 잃지 않으며 온유한 성품을 소유한 사람을 말하는 것 아닐까. 자연에 순응하며 대립과 고독에서 벗어나고 독선적인 태도에서도 벗어나는 길이 진인眞人 즉, 참된 사람이 갖추어야 할 덕목이 아닐까 하는 생각에서 지난 시간들을 다시 반추해 본다.

초여름에 찾은 웅석봉

 비 갠 날이면 계절에 관계없이 언제나 산을 즐겨 찾는다. 초여름의 웅석봉은 어느새 정상까지 올라온 푸름이 산을 더욱 풍요롭게 만들어 놓고 있었다. 온 산을 빈틈없이 채운 녹음, 그 사이로 간간이 불어오는 바람은 사위의 만상들에게 새로운 생명들을 불어넣어 주기라도 하듯, 쉴 사이 없이 싱그러움을 더해주고 있다.
 일렁이는 숲 속 저 너머로 분주히 날아다니는 산새들의 날갯짓이 예사롭지 않은 걸 보니, 아마 갓 태어난 새끼들을 돌보고 먹이를 나르는 데 정신이 없나 보다.
 이마에 흐르는 땀을 연신 훔쳐가며 가파른 산을 오르고 또 오른다. 여백 하나 없이 촘촘히 들어서서 제자리를 차지하고 있는 풀꽃과 나무들이 아침 이슬을 머금고 서로의 자태를 뽐내고 서 있다. 그 무리 속에는 화려한 꽃을 피워 이름이 알려진 것들도 있고,

우람한 밑둥치에서 하늘로 힘차게 뻗쳐 있는 줄기들과 그 줄기에 넓적한 잎들이 풍성히 달려 있는 나무들도 여기저기 서 있다.

넘실대는 바람결에 꽃을 받치고 군무에 여념이 없는 층층나무, 꽃이 하늘을 향해 별처럼 반짝이는 순백의 산딸나무, 가지 아래로 무수한 흰 꽃을 달고 손짓하는 때죽나무, 이삭을 매단 것처럼 꽃을 늘어뜨린 쪽동백나무들이 저마다의 특유한 맵시를 자랑하고 있다.

숨을 몰아쉬며 계곡을 거슬러 올라가니, 물기 머금은 바위틈새에 바짝 달라붙어, 샛노란 꽃을 수없이 달고 있는 바위채송화, 그에 뒤질세라 옆에 가만히 웅크리고 앉아, 여유로운 미소로 답하고 있는 바위떡풀, 모두가 제 세상이라도 만나기나 한 것처럼, 모양 내기에 한창 바쁜 시간들을 보내고 있다. 능선을 넘어서니 이내 질펀히 깔린 초원이 나온다. 이름값을 할 요량에서인지 사나운 매의발톱을 닮은 주황색의 꽃이 여기저기서 뒤질세라 다투어 얼굴을 내민다. 매발톱꽃이다.

이리저리 나무로 뒤엉킨 숲을 지나니, 이내 경사가 급한 오르막길이 나온다. 흰 꽃이 아름다운 민백미꽃이다. 줄기를 잘랐더니 흰 유액이 연이어 나온다. 괜스레 안쓰러운 생각이 들어 잠시 발길을 멈춘다.

정상에 다다랐을 무렵엔, 널따란 잎새 사이로 꽃자루에 방울을 수없이 매단 순백의 꽃, 향기가 좋아 향수의 원료로도 쓰인다는 은방울꽃이 유난히도 눈길을 끈다. 줄줄이 매단 꽃에서 은은한 종소리가 들려오는 것만 같아 자꾸만 나를 뒤돌아보게 한다.

 산에는 크고 화려한 나무나 꽃보다 그렇지 못한 꽃과 나무가 많음을 새삼 느낀다. 산이 크고 골이 깊을수록 더욱 신비롭기만 하다. 그러나 우리는 예사로 큰 나무와 화려한 꽃에만 유독 관심과 사랑을 보이고 있다. 따지고 보면, 큰 나무들과 화려한 꽃들이 맘껏 자라고 아름다운 빛깔과 모양을 자랑하고 돋보이게 하는 것은, 이름도 알려지지 않고 보기에 하찮은 모습을 하고 있는 그들이 있기 때문이 아닌가.

 문득 산의 아름다움과 산의 숨결, 그리고 산을 아끼고 사랑하는 사람들에게 은근하고 아늑한 쉼터와 잔잔한 숨결을 느낄 수 있게 하려면, 그냥 지나치게 되는 이름 모를 꽃과 나무들에게도, 그러한 것들에 못잖은 관심과 사랑의 손길을 보내야만 하지 않을까 하는 생각이 든다.

 산을 거의 다 내려왔을 무렵, 평소 눈여겨 보아왔던 소나무가 군락을 이루고 있던 자리가 움푹움푹 패여, 마치 융단폭격을 맞은 듯, 군데군데 보기 흉한 모습을 하고 있었다. 인간의 간악한 욕망 때문에 혹독히 수난당한 현장. 못생긴 소나무가 산을 지킨다는 말은 어느덧 옛이야기가 되고 만 것일까. 하산하는 발길이 점점 무거워지고, 마음이 자꾸만 아려오는 건 유독 나만이 느껴야 했던 아픔일까.

 툭하면, 잠꼬대처럼 자연을 보호해야 한다고 목청껏 외쳐대지만, 실과 허의 현장에서 극단의 이기주로 치닫는 인간의 탐욕 때문에, 무고한 자연이 희생당하고 있다는 사실을 어떻게 간과해야 할지. 뿌린 대로 거둔다는 평범한 진리 앞에서, 잠시 마음을 추슬러 본다. 아무리 생각을 고쳐 해도, 그 책임은 분명 인간만이 걸머져야 할 몫으로 고스란히 남을 것만 같다.

*웅석봉: 해발 1,099m, 경남 산청군에 위치한 지리산 동족 끝자락에 있는 봉우리. 험준한 산세를 지녀 곰까지, 날카로운 바위에 떨어져 죽었다는 유래가 있음. 일명 곰바위 봉우리라고도 함.

단골 이발소

4

내 삶의 새로운 지평
단골 이발소
단청의 아름다움
민들레 예찬
산의 정취
아디안텀
잊고 살았던 시간 앞에서
장독대와 초가집
황당했던 시간
회중시계

내 삶의 새로운 지평

 겨우내 산을 찾았다. 뚜렷한 목적이나 행선지도 없었다. 그렇다고 품을 열어 따뜻이 맞아 줄 지인도 없건만, 나서는 발길은 마냥 벅차기만 하다. 차창 너머 긴 산맥이 끊어질 듯 이어지고 골바람이 나직이 흘러내리는 수림이 풍부한, 양지바른 곳이면 어디라도 좋다. 간편하게 차린 행장, 얽매이지 않는 인연의 그 자유로움, 나는 거기에서 마음의 위안을 얻는다. 부드러운 속삭임에 몸을 맡길 때와 같이 내 마음은 한껏 부풀어 오른다. 아무리 가파른 곳이라도 두렵지 않다. 가시덤불이 뒤엉켜 있고 암벽이 거대한 자태로 절망처럼 버티고 서 있을지라도 외롭지 않다.

 나이를 잊는다. 처음도 모르고 끝도 없는 골짜기를 쉼 없이 걷고 또 걷는다. 산모퉁이 돌 때마다 허기진 우리 삶의 고비를 휘돌아 나온 비장함을 느낀다. 그래서일까, 산길엔 저마다의 인생행

로가 새겨져 있는 듯 내겐 의미롭기만 하다.

겨울 속의 봄 풍경이 평화롭던 어느 날, 인근 H군에 있는 산을 타기로 했다. 무심결에도 느낄 수 있는 한 자락 바람에 마음을 빼앗긴 채 한참을 걷고 있는데, 느닷없이 발길을 멈추게 하는 소리가 있었다. 뒤돌아보니 누군가가 무슨 말인가를 하기 위해 손나팔을 만들어 외쳐대는데 알아들을 수 없는 먼 거리였다. 온몸으로 던지는 그의 육성은 산에 올라와서는 안 된다는 경고의 의미가 담긴 것이라 짐작하고 하행을 서두르려는 찰나 내 앞에 단숨에 달려온 그는 막무가내로 무조건 내려오라는 것이다. 팔에 두른 완장이 내 눈에 어색하게 비치는데 그는 너무도 당당한 몸짓과 형형한 눈매로써 나를 범법자로 몰아세우기에 급급하다. 무표정한 내 얼굴을 주시하던 그가 조금은 누그러진 듯한 목소리로 산불로 인해 지금은 초비상 시국이니 절대 입산해서는 안 된다는 말을 몇 번이나 되뇌더니 임무가 끝났다는 듯 휑하니 사라지고 말았다.

어렵사리 찾아나선 산세를 느끼며 설레는 감흥을 채 피워보기도 전에 포기해야 하는 사실이 안타까웠지만 기꺼이 등을 돌리고 말았다. 사정으로 말하면 산행을 계속할 수도 있었겠지만 굳이 내 기분을 충족시키기 위해 그의 엄숙한 임무를 방해하고 싶진 않았다. 내가 산을 찾고 산에서 위안을 받는 그 일만큼이나 그의 신성한 업무를 존중해 주고 싶은 속마음에서였다.

생각해 본다. 어쩌면 타인을 이해하고 말없이 순응하는 것이야말로 자연의 깊이를 가늠할 줄 아는 예지를 갖춤일 것이다. 흘러가는 물처럼 자연스럽게 삶의 물결에 휩쓸릴 줄 알 때 자신의 삶도 타인에게 존중받을 수 있을 것이다.

기실, 산을 느끼고 산과 호흡을 함께한다는 것이 반드시 산을 정복해야만 가능한 것일까. 산에서 만나는 온갖 지정이 정상이 아니면 가질 수 없는 불가역의 경지는 아니지 않던가. 솔숲이 자아내는 의연함이, 함부로 널브러진 듯 제자리에 누워 있는 돌멩이가 그곳과 이곳이 무엇이 다르랴······.

땀을 씻는다. 그리고 불가의 인연설을 떠올린다. 모든 것이 공이요, 무에서 시작된다는 인연의 오묘한 섭리를 이내 기억에 떠올린다. 젖은 땀을 식혀 주는 카랑한 바람에도 나와의 인연은 얼마쯤은 깃든 것이리라.

내일은 기어이 새 둥지를 찾아나서려는 셋째 딸의 결혼일. 양가가 수인사를 나누고 택일을 한 이후 좀체 안정되지 않았던 내 마음의 정체를 비로소 이곳에서 찾는다. 욕망이었다. 순리를 거역하면서까지 자식을 꿰차고 싶은 부성애의 또 다른 분화구였다. 스무 해 넘게 길러낸 딸의 육신마저도 내 전유물인 양 애지중지했던 철부지 아비의 서러움이었고, 시집을 보내야만 되는 제도의 비정함에 밤을 새운 불면이었다.

나는 자꾸만 맴돈다. 평화로이 미혼의 아름다움을 꿈꾸게 했던 그녀의 방에 새 삶의 장만을 위해 들여놓은 혼숫감 앞에서 나는 자꾸 겉돌기만 한다. 이즈음 샘물 솟듯 절로 흘러나오는 그녀의 고운 미소 앞에 나는 원인 모를 질투로 신열을 앓는다. 제 신랑될 이의 이름을 거푸 올려놓는 그 재잘거림 앞에서 배신당한 남자처럼 나는 처절히 고독해졌다.

어느 골짜기에서 불어오는 훈풍일까. 귀 기울이니 잠자는 숲에서 겨울 이야기가 들려온다. 새봄을 기약하는 소리며 봉긋한 싹을 틔우려는 의지의 발돋움이 수런거린다. 아직은 시린 하늘 저편에 겨울나무의 아득한 빈 둥지가 쓸쓸하다.

마음을 비우라 했다. 내 마음속이 불행이요, 천국이라 했지 않던가.

이미 영혼을 빼앗겨 아비의 심정쯤은 아랑곳하지 않는 그놈이 괘씸하기 짝이 없어 냉큼 보내야겠다고 다짐한다. 두 손에 받아든 떡을 낚아채인 기분이야 억하심정, 깊은 상실, 메마른 속절없음이지만 망연자실, 어쩔 수 없음이리라. 떠나고 보내는 모든 것이 세상사의 이치가 아니던가.

호젓이 자리를 떨치고 일어선다. 짧은 겨울 햇살 속에 설핏 비치는 봄기운이 내 삶의 새로운 지평을 열고 싶은 열정을 실팍하게 부추긴다.

단골 이발소

 아침저녁으로 드나드는 농장 근처의 길목 이층에 이발관이 하나 있는데, 이곳이 내가 즐겨 찾는 단골 이발소다. 시설이라야 낡고 딱딱한 나무의자에다 탁자 하나가 전부이고, 이발용 의자 역시 군데군데 찢겨져 허름하기 짝이 없다. 벽면을 장식하고 있는 그림 두 점은 늘 내 눈길을 끌어당긴다. 달이 뜬 야밤에 대나무 숲을 배경으로 호랑이가 포효하는 그림과, 낙조에 산 그림자를 배경으로 검푸른 바다에 갈매기 무리들이 날갯짓을 하고 있는 그런 류의 그림이다.

 티끌 하나 찾아볼 수 없는 공간, 휘황찬란한 불빛 아래 반들거리는 시설을 갖춘 도심지 분위기와는 사뭇 다르다. 하지만 이 단골 이발소가 어쩐지 내 마음을 사로잡는다. 그것은 단골이라는 어휘가 편안한 느낌을 주는데다가, 이발료가 저렴해서 가벼운 마음으로 언제든지 드나들 수 있고, 어느 때 찾아가도 사람들이 붐비지 않아 장시간 기다리지 않아서 더더욱 좋다. 또한 머리 모양에 대해 일일이 설명할 필요도 없이, 그냥 앉아 있기만 해도 알아서 해 주니 얼마나 편안한 일인가.

그런가 하면 입심 좋은 주인 박씨의 구수한 얘기에다 근동에 살고 있는 낯익은 사람들이 하나둘 모이기 시작하면, 주위에서 일어난 자질구레한 일상의 일들을 쉽게 접할 수도 있고 때에 따라서 나도 한몫 거들기도 한다. 가만히 보면 이곳을 찾는 사람은 꼭 이발을 하기 위해 찾아오는 사람들만도 아닌 듯하다. 시간 버스를 기다린다거나 가끔은 만날 장소로 이곳을 선택하기도 하고, 개중에는 심심풀이로 나들이 나온 사람들도 더러 있다. 말 그대로 동네 사랑방 구실을 하는 곳인 셈이다.

아침에 목욕을 하고 나면 오전 내내 기분이 좋고, 이발을 하고 나면 온종일 기분이 좋다는 말이 있다.

어느 여름날, 이 단골 이발소에 찾아갔다. 밑에서 올려다보니 유리문은 닫혀 있었고 유리문에 붙은 하얀 쪽지가 선연히 눈에 들어왔다.

가까이 가서 살펴보니, '사정에 의해 당분간 휴업을 합니다.' 라고 짤막한 몇 마디가 적혀 있었다. 고개를 갸우뚱거리며 계단을 내려오는데 어느 중년 부인이 나를 바라보며 말을 걸어온다. 어젯밤 갑자기 이발소 주인이 뇌졸중으로 쓰러져 병원 응급실로 실려 갔다는 것이다.

평소 혈색도 좋은데다가 타고난 낙천적인 성격이 사람들에게 친근감을 더해주고, 운동도 게을리하지 않고 술 담배를 멀리하던 그였는데, 어쩐지 돌리는 발길이 무겁기만 했다. 모처럼 마음먹고 찾아갔는데 사랑방을 잃은 기분도 들거니와 우선 그의 건강이 은근히 걱정이 되기도 했다.

순간 허전함마저 감돌면서 문득 종착지도 모르는 우리네 인생살이가 서글프다는 생각이 자꾸만 머릿속을 현란하게 했다.

묵은 정으로 사람의 가슴에 오래도록 자리하는 소중한 것들을 떠올리며, 굳게 닫힌 단골 이발소 앞에서 잠시 생각에 잠긴다.

편안함을 안겨주는 낯익은 주변이 새삼 그립기만 한 순간이었다.

단청의 아름다움

 어렸을 때 사찰에 가면 천장이나 기둥을 단장한 여러 가지 색깔의 단청을 보고 무서우면서도 신비스럽게 다가왔던 아스라한 기억들이 지금도 남아 있다. 빛바랜 기둥은 틈이 갈라지고 기둥 하단에는 큼지막한 돌이 버티고, 풍경 소리와 함께 추녀 사이로 산새들과 비둘기도 둥우리를 틀고는 부지런히 날아다니곤 했다.
 정신 이상자의 방화로 인해 순식간에 잿더미로 변해버린 국보 1호 숭례문이 복원이 되었는데 벌써 단청이 벗겨지고 현판의 글씨가 변색되는가 하면, 쌓아 놓은 석축 사이로 녹물이 흘러내려 우리들에게 또 한 번 큰 충격을 안겨 준 일이 있었다.
 들리는 바에 의하면, 단청 작업은 온도와 습도가 높은 여름에는 제대로 이루어지지 않아 단청을 하지 않는다고 한다. 아무래도 공사 기간을 맞추다 보니 무리하게 공사를 진행했다는 소리가 들려오기도 하는가 하면, 단청에 들어가는 안료나 접착제를 일본산을 수입해 사용한 것이 결국 문제를 야기한 원인이라는 지적이 나오기도 했다.

단청은 음양오행설에 입각한 청, 황, 적, 백, 흑과 같은 오색을 기본으로 하여 여러 가지 무늬와 그림을 그려넣는 것으로 주로 구름과 용, 연꽃이 변형된 연속무늬가 그 주를 이루고 있다.

단청은 불교와 유교가 성행했던 우리나라와 일본 중국 등 동양 삼 국에서 성행했는데, 중국의 단청은 어둡고 칙칙한데다, 일본의 단청 역시 적색이나 흑색 황금색이 주조를 이루고 있는 데 비하여, 우리나라의 단청은 건축물의 외관을 장엄하게 하기 위하여 각종 문양이나 그림을 채색하여 화려하기 짝이 없다. 또한 단청은 임금이 사는 궁궐이나 부처가 있는 사찰의 위엄을 더하거나 명승지를 기리기 위해 사용하는 한편 일반 민가와 엄연히 구별시켰던 것이다. 『삼국사기』에 양반들이 거주하는 주택에도 단청을 할 수 없다고 기록되어 있는 걸 보면 우리의 전통 단청이야말로 화려하면서도 우아한 특성을 지니고 있다고 할 수 있다.

조선 시대에 들어와서도 궁궐과 사찰, 이름 있는 누각 이외에는 채색을 금하였다는 기록이 남아 있으니, 이는 일반 서민들과는 거리가 먼 얘기가 아닐 수 없으니 격세지감마저 금할 수 없다.

특히 궁전 단청은 권위를 과시하기 위해 무늬와 색채가 호화로우면서 은근한 기풍이 풍기는 반면, 사찰 단청은 종교적 신비감이 우선시되었다고 한다. 이밖에 서원, 묘당, 향교, 문묘 등 유교적 건물에 단청이 다소 쓰이긴 했으나 검소와 단아를 이상으로 삼았다.

이러한 단청은 화려한 문양이나 색채로 외관을 장엄하게 하는 동시에, 목재의 보기 흉한 부분을 감추기도 하는 한편 부식을 방지하는 필수 요건인 것이다. 우리나라의 주요 건축 재료인 소나무는 내강內剛, 내구耐久의 장점을 갖고 있지만, 표면이 거칠고 곧지 못한데다가 균열이 생기고 비틀리는 경우가 생기기 때문에 그 표면에 접착제를 바르고 그 위에 단청을 하기 때문에 단청은 장식의 기능 이외에 부식을 방지하는 역할까지 했다. 그렇기 때문에 역사성을 지니는 사찰이나 위엄을 자랑하는 궁궐에서는 단청이 절실히 요구되었던 것이다.

단청을 그리는 소재와 방법 그리고 문양은 매우 복잡하고 다양하기 그지없다고 한다. 한 채의 건물에서도 각 부재에 따라 단청의 문양이 각기 다르며 그 수도 헤아릴 수 없을 정도로 많다고 한다. 원래 단청은 건축물뿐만 아니라 고분, 공예품, 조상造像 등에 채화彩畫하던 것을 총칭하는 말로 쓰였는데 후세에 내려오면서 건축물에 한정되었던 것이고, 그 뒤 수천 년을 거쳐 문양과 채화법이 창의적으로 발전되어 지금에 이르렀다고 한다. 그러고 보면 단청은 전승된 도안의 답습이나 채색의 모방이 아니라 그 시대, 그 사회의 미의식에 순응하는 의장意匠 표현의 정점頂點이었던 것이다. 그러면서도 단청의 문양은 정연한 질서와 일정한 방식이 있어 한 체계를 이루고 있다. 말하자면 건축물의 부위에 따라서 저마다의 문양과 채색으로 단장되지만 전체적으로 일정한 규율이 있어야 했다.

단일 색으로 한 가칠단청, 먹긋기와 색 긋기를 한 긋기 단청을 비롯하여 대들보 머리 부분만 채색하는 머리단청, 많은 색과 문양을 쓴 얼금단청, 빈 공간이 전혀 보이지 않도록 한 금단청, 개보수 시 원래의 단청을 살린 고색단청 등이 있다.

단청문양으로는 장식성 또는 구성에 따라 머리초頭草, 비단무늬錦紋, 단독무늬單獨紋, 별화別畫로 나누는데 이 중에서 머리초는 창방 평방 도리 대들보 등과 기둥 상부 부연 서까래 등에 주로 쓰이는 것으로 녹화, 연화, 주화, 석류동, 방울무늬 등의 순서로 배열하고 휘를 뻗친 기본 형식이라고 한다. 비단무늬는 물체를 도안하거나 기하학적인 모습을 그리고 다채롭게 채색한 것이며, 단독 무늬는 화초 또는 동물 글자를 단독으로 도안한 것이다.

실로 단청은 시공 과정도 만만치 않다. 우선 면 닦기에서 시작하여 포수, 바탕칠, 초내기, 출초, 초뚫기, 가칠, 타분, 도채, 포수 등의 복잡한 과정을 거쳐야 한다.

오늘날까지 단청 문화의 전통이 계승되는 나라는 우리나라가 유일하며, 중요문화재로 지정하여 전승 보존하고 있는데, 앞으로 보다 더한 연구와 창조적 기법이 개발되어, 현대적인 감각에 맞게 디자인한 공예품들로, 우리들 고유한 전통의 미를 재창조해 나갔으면 하는 마음 간절하다.

민들레 예찬

　20여 년 전, 우연한 기회에 신문사에서 주관하는 문화유적답사팀의 일원으로 대마도를 찾은 일이 있다. 6박 7일의 여정으로 부산항 제1부두에서 '아오시아호'라는 이름을 가진 소형쾌속정을 대절했는데, 섬의 북단에 위치해 있는 히타카즈까지 불과 40여 분밖에 걸리지 않았다. 대마도는 지형이 험악하여 88%가 산악지대로 거의 암벽이나 산림으로 덮여 있고, 흙이라는 것도 바위를 겨우 덮을 정도여서 척박하기 이를 데 없는 곳이었다.
　그때 우리 일행들을 안내하던 현지 가이드로부터 이곳 대마도에서 오래전부터 구전되어 오는 민요 하나를 들을 수 있었다.

　민들레 씨야! 민들레 씨야!
　멀리멀리 날아라.

조선까지 날아라.

저 멀리 조선까지 날아가
우리의 배고픔을 전하고
쌀 가지고 오너라.

늦은 봄 민들레꽃이 하얀 솜털로 변했을 때, 이것을 꺾어 먼발치 희미하게 보이는 한반도를 향해 민들레의 솜털을 입으로 불면서 어린아이들이 노래하며 놀았다는 대마도의 전래민요이다.

그도 그를 것이 사방을 아무리 둘러봐도 바위산과 울울창창한 산림과 끝없이 펼쳐진 망망대뿐, 식량을 자급자족하기에는 거의 불가능했을 것 같다는 생각이 들었다. 춘궁기를 넘기기에 얼마나 힘들고 견디기 어려웠으면 이런 노래가 나왔을까. 그렇게 보면 민들레 홀씨는 대마도 사람들에게 배고픔을 전해 주는 전령사로서, 그리고 구원의 손길로서 그들의 한을 달래주었던 것이다. 틈만 나면 섬사람들은 선단을 구성하여 사흘이 멀다 하고 우리의 남해안 곳곳을 제집 드나들 듯하면서 약탈을 일삼았고, 부녀자를 겁탈하였으며, 심지어 사람을 잡아다가 외국에 팔아넘기기까지 했다.

장미향 진하게 퍼지는 6월이 오면 온 산야가 푸른 생명으로 가득 찬다. 농로를 걷다 보면 길섶에는 수많은 야생화들이 서로 뒤질세라 앞다투어 자리를 편다. 흰색, 노란색, 그리고 빨강과 보랏

빛 등 그 색깔도 참으로 다양하다. 저마다의 고운 빛깔과 예쁜 자태를 뽐내듯 흐드러지게 피어 있어 그 속에서 들꽃들을 마주하는 나의 일상은 언제나 새로움을 더해 주곤 한다.

그런데 숱한 야생화 가운데 요즘 들어 민들레가 사람들 사이에서 사랑을 온몸에 독차지하고 있다. 듣는 바에 의하면 노란 민들레는 거의가 서양에서 들어온 귀화식물로 꽃받침이 아래로 처져 있고, 토종민들레는 꽃받침이 위로 향해 있는데 노란 민들레보다 특히 흰 민들레가 약효가 특히 뛰어나 몸에 이롭다고 널리 알려지면서 귀한 식물로 각광을 받고 있다.

지루한 장마가 계속되다 그친 어느 날, 일행들과 함께 민들레를 찾아 나선 적이 있다. 평소 그냥 지나치던 골목이나 길가 가로수 밑, 보도블록 사이는 말할 것도 없고, 생명력 또한 어찌나 강하던지 시멘트 벽 틈에서도 뿌리를 내리며 자라고 있었는데 온통 노란 민들레뿐이다. 발길을 인적이 드문 한적한 시골로 옮겼더니, 밭 언저리 텃밭은 말할 것도 없고 들판 여기저기 온통 민들레 일색이었다. 가까이 다가가 자세히 살펴보니 대부분 꽃받침이 위로 향하고 있었고, 약효가 있다는 아래로 향한 것은 드물었고 여기에도 노란 민들레 일색이었다. 문득 어느 한곳에 정지되는 눈길, 가녀린 줄기 끝에 동그마니 예쁜 모습을 한 민들레, 그것도 하얀 민들레를 바라보면서 잠시 희열에 잠긴다.

그동안 천지에 깔려 있는 것이 민들레였지만, 이 민들레가 그리 중요한 약재인 줄을 모르고 지내왔다. 문헌을 살펴보니 민들레는 오래전 우리나라에서 민간요법으로 사용해 왔을 뿐 아니라 중국, 일본, 인도, 유럽에서도 심지어 아메리카의 인디언들까지도 중요한 약으로 썼다는 사실이다.

민들레는 병충해의 피해를 거의 받지 않고 생명력이 몹시 강하여 아무 곳이나 뿌리를 내리며 잘 자란다. 맛이 쓴 식물은 어느 것이나 뛰어난 약성을 지니고 있다고 한다. 민들레는 맛이 조금 쓰고 달며 약성은 차며 독이 없고 위장을 튼튼하게 하며, 독을 풀고 피를 맑게 하는 등의 작용이 있다고 한다.

몸에 이로운 것은 원래가 귀한 법, 지난겨울 매섭게 불어오는 찬바람에 미동도 하지 않고, 꽁꽁 얼어붙었던 그 땅속에서도 모진 생명의 끈을 놓지 않은 채 잘도 견딘 민들레였다. 봄이 오자 약속한 땅에 어김없이 뿌리를 내려 화려한 꽃을 피워내며, 많은 사람들의 몸을 이롭게 하고 입을 즐겁게 하는 민들레 생각에 흠뻑 젖어 본다. 마지막 한 가지 바람이 있다면, 몸에 좋다는 이유로 씨를 말리는 일만은 없기를 혼자 조용히 기원해 본다.

산의 정취情趣

 나는 주말이나 휴일이면 예외없이 산을 찾아 나선다. 그렇다고 전문적인 산악인도 아니요, 특수한 장비를 갖추고 산행하는 것도 아니다. 간단한 차림과 약간의 취사도구만 있으면 복잡하게 돌아가는 생활구조와 인간사 때문에 행선지를 미리 정할 필요도 없다. 그저 승강장에 나가 발길 닿는 대로 아무 버스나 올라타면 어디라도 좋다.
 차창에 번져 있는 금빛으로 찰랑대는 작은 냇물의 평화, 들꽃과 산꽃이 알맞게 자리 잡은 들녘과 산골짜기를 뒤로하며, 훈풍으로 가득 차오르는 가슴이 문을 열 때, 이미 마음은 자연 속에 내 자릴 차지하는 싱싱한 풀잎인 것을…….
 고개를 들면 가깝게 그리고 멀리 까마득히 보이는 크고 작은 산봉우리가 지난밤 동안 틔운 듯한 연초록 잎새들을 둘러치고 수군대는 소리, 병풍처럼 이어진 산맥들이 그림으로 들어서서 고요와 정적의 깃내린 모습이 아직 이른 아침을 깨우는 것일까.

내가 산을 가지려는 것은 너무도 허황된 일, 내가 산속에 숨어드는 침입자의 욕망으로서는 도저히 불가능한 일, 잠시 서성이며 산이 나를 포용해 주고 나의 발길을 허락하는 시간까지 참으로 청결한 심신에 이르도록 잠시 눈을 감는다.

얼마 후 나의 감각 기능은 산속의 모든 것을 보게 되고 듣게 되며 향기까지 맡게 된다. 그리고 그들과의 교감이 시작되는 신비와 경이로움이 깨우쳐질 때, 나의 산행은 점차 깊어지는 것이다.

계곡의 물소리와 바위와 모래알들이 질서를 찾듯, 모든 것은 순조로울 때 나는 이 정연한 자연의 섭리에 내 자신이 동화되는 희열을 만끽하게 된다.

봄이면 생의 약동하는 희망을, 여름이면 풍성한 성장의 이성을, 가을이면 알찬 내실의 제 빛깔을, 겨울이면 운명의 인식을 스스로 가꾼 산의 사계 앞에서 참으로 나는 순리의 이치와 더도 덜도 아닌 안분지족의 평범을 터득하는 것이다.

나를 위해 남을 해치지 않는 겸양, 이파리 하나 어긋남 없이 자기 것으로만 차례를 지키고, 불의에 타협 없이 비와 바람과 눈에 씻기는 대로 늘 흔들거리면서, 또다시 그 자리에 우뚝 선 나무와 숲과 산의 자태, 그 앞에 서면 나의 욕망과 고뇌는 얼마나 부질없는 것인가를 새삼 깨닫게 된다.

정상이 아니어도 좋고, 돌아가는 산기슭이라도 좋다. 오르고 또 올라 기어코 산꼭대기에 이르려 하는 것도 정복의 욕심이 아닐는지, 그 또한 쟁취와 만족의 야망이 아닐는지, 나의 하산은 늘 아무 지점이라도 좋다.

산을 얻으려는 지나친 과욕보다는 언제 어디고 내가 산의 품속에 잠시라도 조화되어 포용되는 깨우침을 얻었을 때 이미 나는 산행을 마치는 것이다.

이젠 황금으로만 치달리던 어제까지의 일상도, 명예와 권위를 탐내던 순간적인 욕구도, 미워하고 탓하던 주위의 분노까지도 한낱 허허로운 무상일 뿐, 온갖 오욕칠정이 잦아들어 마음과 몸은 가벼워지고 산그늘만 내 등 뒤에 깃을 내리고 옷깃에는 풀 냄새만 배어 있음을…….

모든 것을 용서하고 감싸줄 수 있는 힘.

산은 그것을 내게 가르치는 것이다.

세속에서 일어나는 온갖 병리와 비정한 심리도, 불의를 세우는 사람들에게 산은 겸허한 인내와 깊은 반성과 사고를 푸르게 비쳐주고 있다.

물질의 노예, 숨막히는 나날, 허탈한 진리에 때로 우리의 사는 법이 혼란하여 정도를 바로 보지 못할 때, 나는 비로소 산의 이치를 깨닫는다. 산의 정연함을 흠모한다. 허나 외로운 것은 인간만이 가진 고통일까. 하산하는 폐부가 또 이렇게 텅 비어 오는 것은 다가설 속세에 겁내는 것일까.

그래도 내일의 밝은 터전을 예감하는 것은 언제나 인간의 삶은 미래에 있기 때문이다.
　이미 노을이 비껴 내린다.

아디안텀 Adiantum

 아파트 베란다 창가에 늙은 호박 크기의 사기 화분에 사계절 연녹색 잎을 자랑하는 식솔이 다른 화훼류와 함께 나의 작은 뜰에 자리하고 있다. 나비의 날개 같은 얇은 이파리에, 낭창낭창 하늘거리는 모습이 압권인 초록이 아름다운 이 아디안텀은 양치류에 속하는 고사리과 식물인데, 지난해 늦가을 친히 알고 지내는 지인의 딸기 하우스에 들렀다 이 아디안텀을 발견하고 포기나누기를 하여 가져 오게 된 것이다.

 그날의 비닐하우스 안은 바깥 날씨와는 달리 꽤나 온화했다. 안에 들어서니 먼저 눈에 들어온 것이 빛바랜 플라스틱 화분에 심어져 한쪽 구석에 아무렇게나 놓여 있던 아디안텀이었다. 나와의 연이 닿았던지 이를 발견하는 데에 그리 시간이 오래지 않았다.

 따지고 보면 아디안텀과의 첫 만남은 십수 년도 더 지난 오랜 시간으로 거슬러 올라가야 한다. 무거운 겨울을 보낸 어느 봄날, 우연히 꽃가게에 들렀다가 조그마한 토화분에 담긴 앙증맞게 생긴 그를 대하고 서서히 몸이 달아오르기 시작했다. 작은 부채 모양의 연두색 잎사귀, 새끼손가락 손톱 크기 정도의 초록빛 잎이 아무리 살펴봐도 그저 요염하고 귀엽기만 했다. 이른 시간이라 그런지 맑게 비치는 아침 햇살을 받아 하늘거리는 모습은, 마치 초록빛 물결이 파장을 일으키며 일렁이는 보리밭 길을 거닐고 있는 것 같아, 잠시 넋을 잃고 한참 정신없이 바라보고만 있었다. 그러다가 값을 치르고 집으로 가져와 다른 화초들과 어울려 한 식구가 되었다.

  처음엔 낯을 가리지 않고 봄이 가고 여름을 지나면서 청순한 생기를 얻어가니, 함께하는 즐거움은 시간이 지날수록 더해가기만 했다. 그러다 가을이 무르익어 가고 찬바람이 일자 어찌된 셈인지 빛이 바래지면서 시름시름 앓기 시작하더니, 그해 겨울을 채 넘기지 못하고 생을 다하고 말았다. 식물을 키우는데 물주기 3년이란 말이 있다. 이는 식물이 자라는 데 습도가 그만큼 중요하다는 뜻이 담겨 있는 것이다. 생명이 있는 모든 것들은 환경과 조건만 잘 갖추어 주면 별 탈 없이 잘 자라는 법인데, 습성이 각기 다르다는 사실도 잊어버리고 일시에 물을 주다 보니 그만 탈이 났던 것이다. 더군다나 아디언텀은 따뜻하고 습한 곳을 선호하는데, 겨울철 보온도 제대로 해 주지 못하고 관수하는 일까지 소홀히했던 탓이 빚어낸 결과였던 것이다.

그러다 딸기 하우스 안에서의 조우는 따지고 보면, 나와 두 번째의 인연인 셈이다. 꽃삽으로 이리저리 돌려가며 조심스레 분주를 하여, 신문지에 말아 비닐에 곱게 싸서 집으로 가져왔다. 여전히 바깥 공기는 쌀쌀했고 궁리 끝에 혼자 공간을 차지하는 것보다 서로를 다독여 줄 수 있는 동행이 필요할 것 같다는 생각이 들어, 아래쪽에 주먹만 한 제주 용암석을 앉히고, 같은 양치류에 속하는 사철 넉줄고사리와 공작고사리를 곁들여 한둥지 속에 넣어 연출하고 나니, 공생하고 있는 모습이 듬직해 보이고 운치가 있어 보였다.

계절은 어느새 겨울의 문턱으로 들어서게 되었고, 지난날에 있었던 악몽이 되살아나 잠시도 눈을 뗄 수가 없었다. 원산지가 따뜻한 브라질이나 남미 쪽으로 비교적 습도도 높고 따뜻한 곳, 반양지쪽에서 잘 자라는 습성이 있다고 했는데, 보온이나 습도 조절이 제대로 안 된 메마른 베란다 창가에서 추운 겨울을 어떻게 날 것인가. 시간이 흐를수록 마음은 초조해지고 걱정은 점점 쌓여가기만 했다.

생육 조건이 무척 까다로워 햇볕이 잘 들고 통풍이 좋은 곳이어야 하고, 일정한 습도와 보온을 유지해 주는 것이 관건이었다. 생각 끝에 거실 안으로 들여놓기로 작정했다. 거실 창가 양지쪽 바닥에 비닐을 깔고 성정이 비슷한 카틀레야, 심비디움, 덴드로비움, 팔레놉시스 등과 같은 양란들과 비교적 추위에 약한 베고니아, 드라세나, 안스루움, 고무나무의 일종인 피커스 벤자미나와 선인장 계통의 다육식물들과 함께 자리를 만들어 주고 나니, 비로소 안도의 한숨을 몰아쉴 수 있었다.

  그리고는 기다리던 봄이 왔다. 마침 때를 기다리기라도 한 듯이 여기저기서 연두색의 새순이 고개를 내밀기 시작하더니, 나긋나긋 귀여운 몸짓으로 애교까지 부리기 시작한다. 선녀의 옷자락처럼 하늘거리는 잎이 너무 예쁘기만 하고 바라보는 즐거움은 더해 가기만 했다. 자세히 살펴보니 잎자루는 처음에는 연녹색이었다가 자라면서 철사처럼 딱딱하고 광택이 나는 흑갈색으로 변한다. 바람이 간간이 일면 자주 흔들리지만 부러지지 않는 강직함을 지니고 있다. 다른 화훼나 나무들처럼 화려한 꽃을 피워 사람들의 눈을 현혹시킨다거나, 벌이나 나비를 유혹하거나 열매를 맺지도 않으며, 오직 포기나누기나 포자에 의해서만 번식하며, 묵묵히 주어진 일에 한 길만을 걸어가는 착한 믿음과 듬직함을 간직하고 있다.

  겉으로는 잔잔한 미소와 함께 부드러움을, 안으로는 누구나 범접할 수 없는 강직함을 간직한 내유외강의 기질을 아디안텀은 분명 지니고 있다. 흔히 사람의 고결함과 품격을 두고 마음이 호수와 같다고 하여 이를 두고 '빙심氷心'이라 한다. 그 어떤 고난과 역경이 닥칠지라도 타고난 품성을 잃지 않고 잔잔한 호수처럼 고결함을 간직한 아디언텀, 쉽게 흔들릴 것 같으면서도 좀처럼 꺾이지 않는 강인함을 지닌 아디안텀, 나와 두 번째 아름다운 만남의 인연 변치 말고 오래도록 함께하고 싶은 마음 간절할 따름이다.

잊고 살았던 시간 앞에서

 옛날 초등학교 제자로부터 한 통의 전화를 받았다. 누구라고 자기소개를 하면서 계속 말을 이어 가는데 아무리 생각을 거듭해도 기억이 나질 않는다. 손꼽아 헤아려 보니 40여 년도 훨씬 넘은 세월 속의 이름이었고, 그 이름이 내겐 너무 생소하게 다가왔던 것이다. 생각을 고쳐가며 기를 써 봐도, 내겐 기억의 편린 저편에 도사리고 있던, 잊혀진 시간 속의 이름일 뿐이었다.
 아닌 밤중에 홍두깨라더니, 전화받는 동안 꼭 타임머신을 타고 먼 시간 속 여행을 하고 온 것 같다는 느낌만이 머릿속을 가득 채울 뿐, 좀체 생각이 떠오르지 않는다. 미루어 짐작해 보니, 이젠 지명도 훨씬 넘긴 나이일 것 같은데, 까마득히 지난 시간 앞에 얼굴 윤곽조차 그려 볼 재간이 없으니 그저 가슴만 답답할 뿐이다.
 1961년 대학을 졸업하던 그해, 시내에 있는 중학교에 자리가 주어져 교단에 서게 되었다. 당시만 해도 직장 구하기가 하늘의 별 따기보다 어려운 시절이었기에, 나를 향한 주위의 시선들 모두가 부러운 눈빛으로 가득 차기까지 했다. 하지만 그것도 잠시, 어느 날 갑자기 5·16 군사혁명이 일어나는 바람에 하루아침에 실직자로 전락하고 말았다. 군대에 갔다 오지 않은 사람은 이유 여하를 불문하고 직장에서 물러나야만 했고, 사회인으로서 떳떳이 행세조차 제대로 할 수 없었다.

  실은 당시 징병신체검사를 받고 영장이 나오기만을 기다리고 있었던 터라, 군대에 안 간 게 아니라 못 가고 있었던 것이다. 임용에는 아무런 결격사유가 되질 않았는데도, 군 미필이라는 이유 하나로 직장에서 그만 물러나야만 했으니, 무슨 항변이나 변명이 통할 리가 만무했다. 여러 곳을 수소문하던 끝에 다행히 징병모집이 있어 자원입대하여 33개월 복무 끝에 만기 제대를 하게 됐다.

  막상 군 문을 나오긴 했지만 직장 구하기가 그렇게 만만치가 않았다. 그런데 다행히 초등교사 임용시험이 있어, 시험과 현장교육 그리고 실습을 거쳐 가을이 제모습을 찾아갈 무렵, 다시 발령을 받기에 이르렀다. 발령 쪽지를 받아들고 보니 내겐 너무나 생소한 지명이었다. 교육청을 찾았더니 뭐라고 일러 주는데 그저 막연하기만 했다. 새벽에 일찍 서둘러 길을 나섰다. 정기 버스나 다른 교통수단도 없고, 오직 발품을 팔 수밖에 없었다. 흙먼지 길을 걷다가 나룻배로 강을 건너기도 하고, 산모퉁이를 돌아서면 고개가 나오기를 몇 번이나 거듭한 끝에 임지에 당도했을 때는 해는 중천에서 머물고 있었다.

앉으나 서나 보이는 것이라고는 사방을 에워싸고 있는 야트막한 산들뿐, 사람 그림자라고는 찾아볼 수 없다. 들판에는 이제 막 추수를 끝낸 논이 질펀하게 누워 있고, 띄엄띄엄 황량한 밭들이 웅크리고 있다. 눈을 돌리니 언덕 위에 조그마한 건물이 보인다. 입구에 토담집이 있어 안으로 들어가 얼굴을 내밀었다. 대낮인데도 실내는 어둡기만 했다. 출입문을 제외하고 창문 하나 없는 흙돌로 지은 건물이었는데 이곳이 교무실이었다.

흙으로 된 바닥에 천장은 마름질도 않은 채 흙이 그대로 드러나 있고, 구석에 아무렇게나 서 있는 나무 서류함과 베니어합판으로 만든 교무회의용 책상과 딱딱한 나무의자 몇 개가 전부였다. 전기도 들어오지 않는 너무나 열악하고 낙후된 시설, 하지만 귀하게 얻은 직장인데다 미래에 다가올 또랑또랑한 눈망울 그 하나만을 믿고 싶었다.

교직원 9명, 전교생 135명.

아이들은 생각대로 나를 잘 따랐다.

점심 시간이 되면 모두가 강냉이 죽을 끓여 허기진 배를 달래기도 했고, 어쩌다 교육청에서 강냉이로 만든 빵이 배달되는 날에는 한바탕 웃음꽃이 피어나기도 했다. 그러다가 보리가 기지개를 켜고 버들가지에 물오를 즈음이나, 가을걷이 끝나고 들판에 고요가 젖어드는 날이면 손꼽아 기다리던 소풍날은 어김없이 찾아왔다. 가져온 도시락이라야 까만 꽁보리밥에 김치나 무말랭

이, 더러는 멸치조림 등도 있긴 했지만, 귀하고 소중한 보물처럼 여겨졌고, 자리도 채 잡기 전에 이미 도시락 속은 텅 비어 있었다. 이지저리 눈치도 많이 살폈을 터이고, 뱃속은 사정도 모르고 한참을 졸라댔을 것이다.

바다가 내려다보이는 언덕배기나 솔 숲 우거진 널따란 곳에 자리를 잡고, 수건돌리기나 기마전도 하고, 닭싸움이나 가끔 토끼몰이를 하다 해거름 녘이면 갈 길을 재촉해야만 했다.

젊은 날의 옛 생각들이 하나둘 고개를 치켜들기 시작했다.

그때 제자의 전화 한 통으로 지금, 정지된 시간 앞에서 잊고 살았던 내 젊은 날의 소중했던 시간들이 되살아나고, 그들과 약속한 해후의 시간이 자꾸만 머릿속을 맴돌고 있다. 제자들을 만나고도 이 여름 한동안 나는 과거로의 여행을 재촉하며 잊혀졌던 기억의 조각 맞추기 작업을 계속할 것 같다. 가슴에 모락거리며 피어나는 그 아득한 그 시간의 그리움을 얼굴에 미소로 자아올리며……

장독대와 초가집

 초가집은 우리의 영원한 마음의 고향이자 요람이다. 나지막한 지붕들이 이마를 맞대고 옹기종기 모여 취락을 이루었던 초가집에 저녁연기라도 뿌옇게 어리면 정겨운 한 폭의 풍경화를 연상케 했다. 초가집은 열두 대문 고래등 같은 기와집보다는 짚으로 이엉을 만들고 새끼줄로 엮은 그 풋풋한 내음과 정경은 서민들의 소박한 바람이자 꿈을 키워가는 곳이었다.

 세월의 무게 따라 우리네 삶의 풍경 하나하나가 점점 빛을 잃어가고 있다. 초가와 더불어 빼놓을 수 없는 것은 초가집과 함께 집집마다 놓여 있던 장독대였다. 초가집이 사라지자 장독대마저 점점 자취를 감추고 말았다. '한 집안의 음식 맛을 알려면 먼저 장맛을 보라.'라는 말처럼, 장독대가 사라지니 어머니의 손맛이 사라지고 집안의 음식 맛도 달라지면서, 치장된 음식점에서 간편하고 쉽게 사 먹는 풍습으로 바뀌어 가고 말았다.

어느 사이 초가집은 사라지고 온통 회색빛 콘크리트로 중무장된 주거 공간이 점차 늘어나면서, 삶의 애정과 소통의 근원이던 대물림이 사라짐으로 인해, 시대와 시대의 벽이 점차 높아만 간다는 사실을 절감하고 있다.

어릴 때의 일이다. 곡식이 귀하던 시절 어머니는 조그마한 장독대 안에 제사상에 쓸 쌀을 넣어 두었는데, 그 장독대 속에 뱀 한 마리가 똬리를 틀고 있었다. 마음 같아서는 집게로 잡거나 손으로 잡아도 될 것 같은데, 어머니께서는 '영물을 함부로 건드리면 반드시 액운이 따른다.'며 사흘 낮 밤을 소지를 올리며 알아듣지 못할 주문을 외웠는데 그제야 사르르 장독을 넘어 어디론가 사라지고 말았던 기억이 지금도 기억 속에 생경하게 남아 있다.

조상들은 가을에 감나무 가지 꼭대기에 감을 따내지 않고 까치밥으로 남겨 놓거나, 들에 나가 음식을 먹을 때는 먼저 고수레로 마음을 달랬고, 뜨거운 물은 반드시 식혀서 땅에 버림으로써 작은 벌레들을 보호했다고 한다.

전남 진도에서는 산신에 올리는 제사의식인 충제蟲祭를 지낸다고 한다. 충제는 음력 6, 7월 벼가 한참 자라날 무렵 농작물의 충해를 막기 위해 올리는 제사이다. 이 의식의 제문에는 초절멸후유종絶滅後有種이라 하여 '벌레를 죽이더라도 종자는 남겨 두십시오.'라는 내용이 담겨 있다. 이는 벌레가 비록 인간의 입장에서는 해로운 존재이지만 생태계의 구성원으로서는 보호되어야 한다는 의미를 지니고 있다는 것이다.

옛날 스님들은 길을 걸을 때 지팡이로 땅을 쿵쿵 치면서 다녔으며 또 이른 봄에는 보통 사람들 짚신보다 더 푹신하게 만든 짚신을 신고 다녔다고 한다. 이러한 행동은 눈에 보이지 않는 벌레나 미물들이 자신의 발에 밟혀 죽는 것을 방지하기 위해 지팡이 소리나 진동을 듣고 피하라는 뜻이며, 혹시 발에 밟히더라도 푹신한 짚신 때문에 피해를 입지 말라는 의미였다는 것이다.

어릴 때 초가삼간에는 어김없이 장독간이 있었다. 바닥엔 얇은 돌을 깔고 독단지를 놓았다. 맨 앞줄엔 키 작은 단지들이 나란히 앉아 있다. 그 뒤엔 입이 큰 작은 항아리, 옆엔 자배기도 있고 물동이도 있다. 맨 뒷줄 한복판에 배가 부른 장독이 의젓이 자리했다. 새끼줄에 숯, 고추를 끼운 금줄을 훈장처럼 둘렀다.

지금이야 김치냉장고니 타파웨어니 해서 이런 옹기들은 점점 사라지고 있다. 그러나 예전에는 각종 옹기가 늘어선 장독대는 집 안의 가장 신성한 곳이었다. 거기에 우리를 먹여살릴 먹거리가 담겨 있었고 우리의 신앙이 그 위에 떠돌고 있었던 것이다. 평범한 주위환경과 잘 어울려 친근한 느낌을 주는 옹기는 형태에 있어서도 쓰임새에 있어서도 우리 서민들의 소박한 감정과 깊은 맛을 담는 데 적격이었다.

배 부분이 둥글게 튀어나온 항아리의 자연스러운 곡선은 억지로 멋을 부리거나 조작한 것이 아닌 자연스러운 필요성에서 나온 가장 인간적인 조형미였다. 더구나 흙으로 만들며 별다른 기교를 부리지 않았기에 그 질감도 푸근하다. 옹기에 넣어진 문양도 어떤 형식에 구애받지 않고 자연스럽게 표현되는 가운데 활달하고 개방적이며 생동감 넘치는 기운과 꾸밈없고 수더분한 분위기를 느낄 수 있다. 특히 대표적인 장식 기법인 수화문은 세계 도자에서 유래가 드문 독특한 방법이다. 유약의 두께를 감정하기 위한 필요로 시작되어 문양으로 발달한 것으로 손가락만을 이용, 힘찬 터치와 대담한 선의 변화로 덤덤하면서도 소박하게 표현되어졌다.

다른 용기와 비교해서 내용물이 쉽게 변색되지 않고 인체에 무해하며, 오래 보관할 수 있다는 장점을 갖고 있어 선조들의 사랑을 받아온 옹기는 만드는 방법에 따라 질그릇과 오지그릇으로 나뉜다. 질그릇은 유약을 입히지 않아 기공이 메워지지 않았다. 그래서 공기의 유통이 좋아 곡식을 담아 두어도 벌레가 생기지 않는 특징을 가지고 있으며 따라서 저장 용기로 발달되었다. 반면, 오지그릇은 질그릇과는 달리 유약을 입혀 다시 구워내어 내화력이 강하고 흡수성이 적기 때문에 취사, 운반, 수납 등에 이용되었다.

자연을 벗하며 살아가던 초가집과 장독대는 우리 조상들의 지혜이자 내 마음의 고향으로 자리 매김하고 있다.

황당했던 시간

 연초에 지기를 만나 횟집에서 이런저런 얘기들로 꽃을 피운다. 시장기가 밀려드는 저녁때라 그런지 꽤 많은 사람들로 붐빈다. 싱싱한 회가 들어오고 술잔이 몇 순배 오가니, 가뜩이나 움츠렸던 몸이 봄눈 녹아내리듯 풀리기 시작한다. 연이어 얼큰한 매운탕과 공기 밥 한 그릇이 곁들여진다. 시원하고 감칠맛 나는 잡어 매운탕은 언제 먹어도 싫증이 나지 않는다.

 그런데 그 매운탕이 그만 말썽을 부리고 말았다. 한참 신 나게 먹는데 매운탕 속에 숨어 있던 뼈가 목구멍을 넘어가다 그만 탈을 내고 말았다. 목안이 따끔거리는 게 예사롭지 않다. 경험대로 남은 회를 상추에다 싸서 두세 번 그냥 꿀꺽 삼켜 본다. 차도는커녕 불편한 심기는 시간이 갈수록 더해가기만 한다. 그러다 이내 밥을 김치에 얹어 그냥 또 삼켜 본다. 아무리 용을 써 봐도 소용이 없다.

이때 멀리서 바라보고만 있던 횟집 주인이 안쓰러운 눈빛으로 다가오더니, 걱정하지 말라는 짧은 한마디 남기더니, 조그마한 유리병 하나를 들고 온다. 뚜껑을 열고 한 숟갈 떠다 입안에 넣어 주며 서두르지 말고 천천히 삼키라는 당부의 말도 잊지 않는다. 혓바닥을 타고 흐르는 달콤한 감촉 알고 보니 조청이었다.

유난히 단것을 좋아하는 내겐 달콤한 유혹의 순간이었다. 주인의 자신만만한 목소리, '가끔 이런 경우가 더러 있는데 이내 괜찮을 거라.'며 초조함을 감추지 못하는 내게 위로의 말과 함께 안도감을 준다. 조청이 목구멍을 넘어가면서 서서히 가시를 쓸어내린다고 세세한 설명까지도 잊지 않는다.

그러고는 한참을 기다렸다. 하지만 말과는 달리, 아무런 변화의 조짐도 보이지 않는다. 곁에 놓인 병을 가져다가 주인 몰래 연거푸 두 숟갈을 더 떠 넣는다. 차도는 고사하고 불편한 심기는 시간이 흐를수록 더해 가기만 한다.

그제야 나의 딱한 사정을 알아차렸는지, 아무래도 병원에 가야만 될 것 같다고 급히 서둔다. 얼핏 떠오르는 머릿속 생각은, 오늘이 일요일인데다 저녁 시간이라 난감하기만 했다. 그런데 주인이 이내 눈치를 알아차렸는지 가까이에 있는 마트를 가리키며 그 안에 있는 병원에 가면 이 시간에도 진료를 하고 있으니 거기에 가보란다.

에스컬레이터를 타고 2층 구석진 곳에 있는 병원을 어렵게 찾았지만, 마감 시간이 끝났다며 접수조차 거부하며 이내 퇴짜를

놓는다. 창구에서 옥신각신 한참 실랑이를 벌이고 있는데, 안에서 간호사와 주고 받는 딱한 사정을 원장이 알아차렸는지 들어오라는 기별이 온다. 자칭 이비인후과 전문의라며, 핀셋으로 연신 혀를 눌려가면서 여기저기를 살피더니, 가느다란 뼈가 목구멍 깊숙한 곳에 박혀 있어 여기서는 치료가 어렵다며 곧장 대학병원 응급실에 가야 한다며 손을 놓고 만다.

하는 수 없이 대학병원을 찾았다. 병원 응급실에 들어서니 수많은 사람들로 붐빈다. 수납 절차를 밟는데 여기는 3차 진료기관이라 본인 부담이 많은데, 그래도 괜찮으냐며 내게 답을 구한다. 고개를 끄떡이니 뒤쪽을 가리키며 들어가라는 눈치다. 더듬거리며 한 곳을 기웃거렸더니 가운을 입은 사람들로 붐비는데 환자인 내게는 눈인사 한 번 없이 자기네들끼리 지즐댈 뿐, 내 말에는 아랑곳하지 않고 극히 사무적인 말만을 남기고 연거푸 장난질만 한다.

병원 안은 인간만이 지닌 내면적 품성이나 개체에 대한 인식 같은 것은 전혀 찾아볼 수 없었다. 하지만 딱한 건 어디까지나 나의 입장이고 보니 싫은 내색 한 번 못 하고 꾹 참고 견뎌야만 했다.

영하의 기온 아래 냉기가 감도는 보호자 대기실에서 기약도 없는 시간, 무작정 기다려야만 했다. 두 시간여를 기다렸지만, 아무런 연락도 없고 목구멍의 통증은 시간이 흐를수록 더해가기만 한다. 참다 못해 응급실을 찾아가 그만 고함을 질러버렸다.

실내에서 서성대던 사람들이 그제야 정신이 들었는지 모두가 놀란 눈빛으로 나를 쳐다본다. 잠시 후 간호사 한 사람이 몸을 바삐 움직이더니 그제야 자기를 따라오라고 시늉을 한다. 엷은 불빛이 새어 나오는 어두컴컴한 본관 건물 안으로 들어가 한참을 걸어 엘리베이터를 타고 2층으로 올라가니 이비인후과라는 푯말이 보이는데 그곳으로 들어갔다.

담당의가 보내오는 살가운 미소와 함께 정겨운 말 한 마디가 잔뜩 움츠리고만 있던 감정들을 쓸어내리는 듯 안온함이 감돈다. 혀를 내미니 ㄱ자로 꺾인 가느다란 내시경으로 목안을 이리저리 살피더니, 히~ 히~~ 히~~~라는 소리를 연거푸 내라는데 원하던 소리는 온데 간데 없고 실속 없는 소리만이 허공을 맴돌 뿐이다.

소리라는 것은, 성대를 울리면서 입천장과 혀 그리고 잇몸 사이에서 나는 법인데, 혀끝은 가제로 감싸 끌어당긴 상태라 소리가 제대로 날 리가 만무했다. 그래도 담당의가 시키는 대로 계속 히~ 히~~ 히~~~라고 연달아 소리를 질러 보지만, 목안 깊숙이 숨어 말썽만을 부리는 가시를 찾기란 쉽지 않은 모양이다. 계속 질러보는 히~ 히~~ 히~~~ 김빠진 헛소리만 반복될 뿐이다.

쉼 없이 목안을 들여다보며 가시를 찾아내느라 장시간 실랑이를 벌인다. 그러다 어느새 통증이 멎는다. 여기저기 들쑤시다 보니 절로 빠져 없어진 것 같다는 어정쩡한 담당의 말을 뒤로하고, 수납 창구에 가서 돈을 지불한 뒤 병원 문을 서서히 빠져나왔다.

내일이 올해 들어 가장 추울 것이라는 대한을 암시라도 해 주듯, 귓전을 때리는 밤공기가 유난히 매섭기는 했어도 귀로의 발길은 마냥 가볍기만 했다.

회중시계

얼마 전 지인의 간곡한 부탁으로 주례를 서게 됐다. 신랑신부가 어릴 때부터 한동네에서 자라 초등학교에서 중학교에 이르기까지 같은 학교에 다닌 데에다, 대학 졸업 후에도 우리나라 굴지의 S그룹 전자 파트에서 같이 근무하는 사이로, 내가 S중학교 교장으로 재직할 당시의 제자들이었다.

교단에서 흔히 학생들을 가르치다 보면 학급 담임을 맡거나 교과목 수업을 담당하게 되면 학생들의 얼굴이나 행동 심지어 성격까지도 자연 눈에 익게 마련이다. 그런데 학교의 장으로 있다 보면 특별한 경우를 제외하고는 학생들의 얼굴이나 이름을 기억하는 일은 극히 드문 일이다. 그런데 다행히도 학교가 면 지역이라 학생 수도 얼마 되지 않을 뿐 아니라, 규모가 비교적 작은 편이라 학생들 대부분의 얼굴은 물론 주거환경이나 이름까지도 익히 알고 있을 정도였다. 그런데다가 신랑신부의 양가 부모들과는 평소 지기를 다져온 터이라 사양할 처지가 아니었다.

식이 진행되고 주례사 차례가 되자 새롭게 인생을 출발하는 신랑신부 얼굴을 번갈아가며 좋은 말만을 골라가며 들려주니, 쳐다보는 눈망울이 더 없이 맑아만 보였다. 식이 끝나고 양가 부모들과 수인사를 나누고 바쁜 걸음으로 식장을 빠져나오려는데, 내 뜻과는 상관없이 사례비라고 봉투를 건네주는데 뿌리치느라 한동안 혼쭐이 났다.

한 열흘쯤이나 지났을까 신혼여행을 갔다가 귀국했다며 집을 방문하겠다고 연락이 왔다. 한복을 곱게 차려입은 모습이 대견스럽기만 하다. 덕담도 들려주고 여행지에서 일어난 이런저런 얘기들을 나누다 자리를 뜰 무렵, 스위스에 들렀다가 사 온 것이라며 예쁘게 포장된 조그마한 선물 하나를 내게 건네는데 뜯어보니 은빛 찬란한 회중시계였다.

뜻밖에 받은 귀한 선물이라 보내고 난 뒤 케이스를 열고 찬찬히 살피기 시작했다. 그 안에는 시계 이외에 하얀 종이에 모델명과 생산 공정에서부터 조립 일자, 책임자의 서명 같은 구체적인 내용이 볼펜으로 쓰여 있었는데, 생각하니 생산해낸 제품을 끝까지 책임지겠다는 품질 보증서인 것 같았다. 조그마한 시계 하나를 만드는 데에도 그냥 시간을 알려주는 데 그치지 않고 정성이 가득 담긴 장인정신이 깃들어 있는 것 같아 놀라움을 금치 못했다.

신기하고 궁금하기도 하여 레지던스residence라는 시계 상호를 인터넷에 들어가 검색해 봤더니, 시계를 제작한 오데마 피게의 워치메이커라는 사람이 자기 자신을 소개한 글이 자세히 실려 있다.

> 나는 예술가가 아니라 시계 제조자다. 시계 제작에서 가장 중요한 것은 정확성을 담아내는 일이다. 절대 고장 나지 않는, 완벽한 시계를 제작하는 것이야말로 내 평생 과업이라고 생각한다. 일상생활에서 언제 어디서든 시계를 볼 수 있지 않나. 아주 작은 시계 부품들을 모아 하나의 완벽한 시계를 만드는 것이 꿈이다.

앞뒤를 번갈아 가며 들여다보니 유리알처럼 투명하게 속살을 드러낸 은빛 회중시계. 그 안을 들여다보니 복잡하게 얽히고설킨 계기들이 여백 하나 없이 속을 빼곡히 채운 채 오랜 침묵 속에 잠겨 있다. 조심스레 서서히 태엽을 감아주었더니, 마치 기다리기라도 했다는 듯 크고 작은 부품들이 일사분란하게 움직이는 모습들이 선연히 눈에 들어왔다. 이내 문자판 위에 초침이 서서히 원을 그린다. 이에 뒤질세라 분침과 시침들도 덩달아 움직이고 있으니 묘한 느낌이 든다.

  기계 돌아가는 소리가 듣고 싶다. 귓가에 가져가 소리를 들어본다. 그런데 이상하게도 소리가 들리지 않는다. 짐작으로 째깍째깍하는 소리를 분명 들을 줄만 알았는데 이상하게도 내겐 그 소리가 들리지 않는다.

  옛날 학교에서 신체검사 때나, 내가 군대에 들어갈 때만 해도 청력검사라는 명목으로 회중시계를 이쪽 저쪽 번갈아 가며 소리 나는 쪽을 손을 들어 가리키던 그런 때가 엊그제였는데, 어찌된 셈인지 아무리 용을 써도 내겐 그 소리가 들리지 않는다. 마침 집에 있는 딸아이를 불러 돌려 앉힌 뒤, 가까이 또는 멀리 갔다 댔더니 왼손 바른손을 번갈아 가며 올렸다 내렸다 하는 게 아닌가.

언제나 젊음을 구가하며 살아온 세월이었다. 뒤늦게 나이 탓이라는 사실을 그제야 깨닫는다. 나이 들수록 시력이나 청력 모두가 떨어진다는 말은 일찍 들어보긴 했지만, 막상 내 자신이 현실에 직면하고 보니 나이 들면 모든 게 온전치 못하다는 말이 새삼 가슴에 와 닿는다.

『논어』의 위정爲政篇에 보면, 일찍이 공자께서 나이 70세에 이르면 종심소욕從心所欲 불유구不踰矩라 하여 '마음먹은 대로 행동해도 법도에 어긋나지 않았다.'고 했다는데, 부질없고 험난한 말들은 한쪽 귀로 듣고, 한쪽 귀로 흘려보내야 할까 보다.

바쁜 신혼 여행길에서 회중시계를 내게 건네준 그 제자의 심정을 가만히 헤아려 본다. 복잡하게 돌아가는 세상사, 정해진 시간 속에서 여생을 소중하게 다루며 조용히 삶을 구가해 달라는 신혼부부의 간절한 바람이 분명 그 속에 배어 있었음을 느낀다.

기다리던 봄이 왔다. 겨우내 움츠렸던 마음을 활짝 열어젖히고, 어느 한날 말쑥한 정장 차림으로 은빛 회중시계 늘어뜨린 채 거리를 마음껏 활보하고 싶다.

[연보]

- 1937년 12월 9일 [음력] 경남 진주시 중안동에서 부 신석규, 모 이복순의 여섯 형제 중 넷째로 출생, 본명 일휴日休, 아호 약천若川, 녹원 綠園, 송헌松軒

학력 및 경력
- 1950년 진주봉래초등학교 졸업
- 1953년 진주중학교 졸업
- 1959년 진주농림고등학교 임업과 졸업
- 1961년 서울문리사범대학 국어과 졸업
- 1961년 진주남중학교 교사
- 1961년~1964년 육군에서 하사로 만기 제대
- 1964년~1990년 가화초등, 경해여중, 진주중학, 선명여고, 진주동명고 교사
- 1990년~1997년 송계중학교 교장
- 1997년~1999년 경남교육청 연구사
- 1999년~2002년 덕산중학교 교장

문단 및 기타 경력
- 1985년 『한국수필』 가을호에 「겨울 연자蓮池에서」로 등단
- 1986년 한국수필가협회 이사
- 1989년 경남수필문학회 회장(제5대)

작가 연보

- 1990년   한국수필작가회 회장(제2대)
- 1993년   경남수필문학회 회장(제7대)
- 1998년   진주문인협회장
- 1998년   경남문인협회 부회장
- 1999년   국제 라이온스 제355-J지구 진주중앙클럽 회장
- 2001년   고령신씨 호군공파 종친회 회장
- 2007년   제57회 개천예술제 제전위원장
- 현재   한국문인협회 이사, 한국수필가협회 자문위원, 국제펜클럽경남 지역본부 고문, 경남수필문학회 회원

수필집
- 1989년   『내 작은 뜰에는』
- 2001년   『내 삶의 새로운 지평』, 『단 한 번의 인생』
- 2002년   『사랑, 그 영원한 테마』
- 2007년   『자연과 더불어 살아 온 세월』

수상
- 1962년   육군정훈학교장 공로표창장
- 1964년   보병 제38사단장 공로표창장
- 1986년   경상남도 교육감 표창
- 1992년   경상남도 교육감 표창
- 1995년   제10회 한국수필문학상

- 1997년   제7회 경남예총 공로상
- 1997년   한국예총 예술문화상
- 2001년   제11회 수필문학상
- 1999년   경상남도 교육감 표창
- 2002년   황조근정훈장 수훈
- 2009년   제2회 경남수필문학상

현대수필가 100인선 Ⅲ - **02** 신일수 수필선
또 하나의 둥지

초판 인쇄 2014년 11월 17일
초판 발행 2014년 11월 20일

지은이 신일수
펴낸이 서정환
펴낸곳 수필과비평사 · 좋은수필사
주소 서울시 종로구 삼일대로 32길 36(익선동 30-6 운현신화타워 빌딩) 305호
전화 (02) 3675-5633, (063) 275-4000 · 0484 팩스 (063) 274-3131
이메일 sina321@hanmail.net essay321@hanmail.net
출판등록 제 300-2013-133호.
인쇄 · 제본 신아출판사

저작권자 ⓒ 2014, 신일수
이 책의 저작권은 저자에게 있습니다. 서면에 의한 저자의 허락없이 내용의
일부를 인용하거나 발췌하는 것을 금합니다.

저자와 협의, 인지는 생략합니다.
잘못된 책은 바꿔 드립니다.

ISBN 979-11-85796-38-3 04810
ISBN 979-11-85796-15-4 (전100권)

값 7,000원

> 이 도서의 국립중앙도서관 출판시도서목록(CIP)은 서지정보유통지원시스템 홈페이지
> (http://seoji.nl.go.kr)와 국가자료공동목록시스템(http://www.nl.go.kr/kolisnet)에서 이용하
> 실 수 있습니다.(CIP제어번호:2014033362)

Printed in KOREA